몽골이 온다

여행, 취업, 몽골에 대한 모든 것

이승재

이 책에서 환율은 별도 표시되지 않는 이상 편의상 1 투그릭 0.4원으로 계산했습니다. 또한, 현지 조사 내역 기준 및 업데이트 등에 따라 기간, 금액 등 기준 시점이 다를 수 있습니다. 책 내용 중 2장, 3장, 4장 부분은 본인의 논문 한국청년 몽골취업활성화 방안을 변형해서 재작성했습니다.

몽골이 온다

여행, 취업, 몽골에 대한 모든 것

이승재

2024년 론리플래닛 선정 여행 1위 국가 몽골

CU, GS25, 이마트, 뚜레쥬르, 롯데리아가 즐비한

몽탄 신도시라 불리는 이곳

여행과 취업은 몽골에서

도서출판 디자인21

추천사

코로나 이후 많은 한국인들이 몽골을 찾고 있지만 아이러니하게도 몽골은 여전히 별, 초원, 칭기즈칸 같은 막연한 이미지 속에 머물러 있습니다. 10년째 몽골에 살고있는 저도 몽골 생활정보를 묻는 질문에 선뜻 추천할 자료가 없어 늘 남감했습니다. 그런데 드디어 그 모든 궁금증을 한번에 풀어줄 책을 만나 무척 반갑고 기쁩니다. 잠시 여행하다 가는 관광지로서의 몽골이 아니라 유학이나 취업 등으로 장기 체류할 거주지로서의 몽골을 알고 싶은 분이라면 꼭 읽어야 할 책이라 여깁니다.

〈몽골국립교육대 박사과정 **이*은**〉

해외취업으로 몽골은 아직은 낯선 곳이지만 숨겨진 곳이기도 합니다. 12년 차 몽골 거주자로서 이 책은 몽골 여행과 취업을 생각하시는 분들에게 실질적인 네비게이션이 되어줄 거라 믿어 의심치 않습니다. 이 책을 통해 몽골에 대한 두려움을 설레임으로 바꾸고 새로운 도전을 시작할 용기를 얻으시길 바랍니다.

〈몽골롯데리아 **김*주**〉

몽골에 취업해 직접 살아보니 내가 알고 있던 몽골에 대한 인식이 180도 바뀌었습니다. 몽골에 오기 전엔 게르, 초원, 유목 생활 정도만 떠올렸는데, 막상 살아보니 생각보다 도시화가 잘 되어있고 한국과 크게 다르지 않음을 느낍니다. 몽골은 단순한 여행지 이상의 매력을 지닌 나라로 거주하기에도 충분히 괜찮은 곳이라 생각됩니다. 이 책을 통해 더 많은 한국 사람들이 몽골의 진짜 모습을 만나고 해외진출을 고민하는 분들에게 새로운 선택지가 될 수 있으면 좋겠습니다.

〈몽골코피아 **김*진**〉

몽골 취업을 생각한다면 이 책부터 보시기 바랍니다. 몽골의 생활환경에서 취업환경과 특징까지 체계적으로 정리되어 있어 필요한 정보를 한눈에 볼 수가 있어 좋습니다. 더구나 유망직종까지 제시하는 점이 인상 깊습니다.

〈몽골코이카 **윤*현**〉

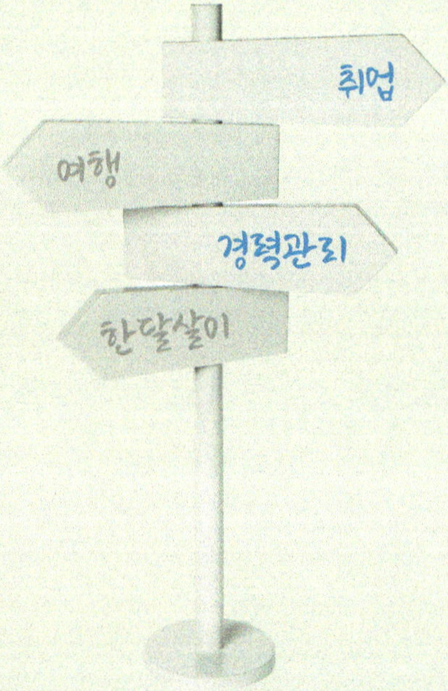
취업
여행
경력관리
한달살이

Prologue

2022년 한국인에 대한 몽골 관광 무비자 정책이 시행된 이래로 많은 한국 사람들이 몽골을 찾아 몽골의 아름다움을 만끽하고 돌아갔다. 특히 2024년엔 론리플래닛에서 몽골을 최고의 여행지 1위로 뽑기도 했다. 그래서인지 더 많은 한국 사람들이 해마다 몽골을 많이 찾아오고 있다.

몽골에 여행 온 한국 청년들과 만나 얘기하는 중에 몽골 취업에 대해 어떻게 생각하는지 물어본 적이 있다. 그 청년은 한국에 있는 자기 친구들은 몽골이라 하면 초원에서 말들과 함께 사는 모습만 떠오르는데 한국인이 일할 수 있는 일자리가 있다는 것은 생각조차 못 한다고 말했다. 한국에서 몽골에 대한 인식은 자연경관이 좋아 여행으로는 좋은데 몽골 취업까진 아예 생각도 하지 않는 거 같다.

2020년 코로나 사태 이후 현재까지 한국의 경제 상황은 녹록지가 않다. 또한, 실업은 여전히 사회 문제로 대두되고 있다. 특히 통계청에 의하면 15~29세 청년층 실업률은 7.5%로 전년 동 기간 대비 10% 상승했고 그냥 쉰다는 청년도 45만 명이나 된다(통계청 2025년 3월). 청년들이 눈이 높아서 취업을 안 하고 있다는 일부의 시선이 있지만 사실 청년 눈높이에 맞는 일자리가 부족한 것도 어느 정도 사실이다.

이런 상황에서 글로벌 일자리 발굴은 일자리 불균형을 해결할 수 있는 하나의 방안이 될 수 있어 일찍이 정부에선 해외 취업을 지원해왔다. 그동안 해외 취업은 미국 일본 등 상위 10개 국가에 집중되었는데, 최근 미국, 호주, 캐나다 등 선진국은 자국민 일자리 보호를 위해 비자를 제한하고 있어 해외 일자리 발굴이 쉽진 않은 상황이 되었다. 이에 해외 취업 일자리 다변화가 필요하고 경제 성장성이 크고 한국에 우호적인 국가를 대상으로 한국 청년의 진출이 가능한지 취업 환경 등을 알아볼 필요가 생겼다. 여러 국가가 대상이 될 수 있겠지만 여기선 몽골이다.

몽골은 코로 나시기를 안정적으로 극복하고 석탄 등 광산업의 수출 호조로 2023년 이후 연 6% 이상의 경제성장을 이루고 있으며 향후 2~3년간 고도의 경제성장을 예측하고 있다. 또한, 한국과 몽골은 1990년 수교를 한 이래 전략적 동반자 관계까지 격상하고 경제, 문화, 사회 모든 분야에서 활발하게 협력해오고 있다. 2024년 몽골을 방문한 관광객 중 2번째가 한국이며 한국은 몽골의 4번째 교역국이기도 하다. 또한, CU, 이마트, GS25, 롯데리아 등 많은 한국기업이 몽골에 진출해 있기도 하다. 이처럼 몽골 경제가 회복되고 한국기업 진출도 활발해지고 있는 이때, 한국인의 몽골 취업 활성화 방안을 모색해볼 필요가 있다. 이에 이 책에서는 본인의 한국 청년 해외 취업 활성화 방안- 몽골 취업 중심으로(국제울란바토르대학 석사 논문 2024)를 바탕으로 몽골의 생활 모습과 취업 환경 등 취업 활성화 방안을 모색하고자 한다.

파트1에서는 몽골의 전반적인 내용을 소개하였다. 몽골의 정치 경제 사회 문화 등을 통해 한국과 얼마나 긴밀한 관계에 있는지를 파악했다. 또한, 몽골의 생활상을 소개하면서 몽골이 거주하기 좋은지, 잘 적응할 수 있는지도 알아봤다. 파트2에서는 몽골의 노동 및 경제 정책을 알아보고 몽골에 있는 기업 등을 파악하여 인력수요 등 취업 환경을 조사하였다. 파트3에서는 구직자 대상 설문조사, 한국인 취업자 및 현지 기업 대표 대상 인터뷰를 하여 몽골 취업 특징과 진출 방법을 정리하였다. 파트4에서는 몽골 취업 환경 및 설문조사 등의 결과를 바탕으로 몽골 취업 활성화 방안 및 유망직종을 도출하였다. 마지막으로 FAQ를 통해 몽골과 관련한 궁금한 사항을 정리하였다. 아직 까지는 몽골로 취업을 원하는 구직자가 많이 없는 상황이지만 이 책을 통해 한국 청년과 중장년들이 몽골에 진출할 수 있는 발판이 되어 몽골 취업 활성화가 되기를 기원한다.

아울러, 논문 지도를 해주시고 한국청년의 몽골 취업을 독려해주신 서울여자대학교 정재훈 교수님, 국제울란바타르대학 이승훈 교수님, 강선화 교수님, 몽골의 좋은 점을 알리는 데 적극적으로 지원해주신 주몽골 대한민국 대사관 최진원 대사님, 직원의 전문성과 자기 계발 함양을 위한 토대를 만들어 주신 이우영 이사장님, 해외 취업 활성화를 위해 끊임없이 노력하시는 임승묵 국제인력본부장님, 남영경 해외취업국장님 이하 관계 직원 모두에게 감사의 말을 드린다.

Contents

제3장 몽골 취업 방법

제4장 취업 활성화 방안 및 유망직종

2010년에 완성된 높이 40m, 세계에서 가장 큰 칭기즈칸 기마상. 울란바토르시 외곽 테를지 가는 부근에 있다.

제1장

몽골, 몽탄 신도시?

들어가기

울란바토르? 울란바타르?

2021년 12월, 코로나가 막바지로 향해가고 있을 즈음 몽골로 파견을 가게 되었다. 주 업무는 몽골인들의 한국 취업을 지원하고 한국인들의 몽골로의 취업을 지원하는 일이다. 몽골에 대해 제대로 알지 못한 채 몽골의 수도 울란바토르[1]는 세계에서 가장 추운 수도 도시라는 사실을 기억하며 비행기에 몸을 실었다. 생각보다 짧은 비행 3시간 반 만에 몽골 울란바토르 칭기즈칸 국제공항에 도착하였다.

몽골 도착한 첫날 칭기즈칸 공항 앞에선 본 공항청사의 모습

1) 영문명은 Ulaanbaatar, 한국어 발음은 일부에선 울란바타르 라고도 하나 여기선 "울란바토르" 로 통일해서 사용했다.

이때는 코로나가 종료된 시기가 아니라서 공항도 한산하였고 몽골입국 시 방역 검사도 하지 않았었다. 그러나 이 당시엔 한국인 대상으로 관광 무비자가 부여된 시기가 아니고 입국이 깐깐하다는 소리를 들어서 입국 심사할 때에 다소 긴장이 되긴 했다. 하지만, 심사관은 비자 등 관련 서류를 간단하게 확인 후 어렵지 않게 입국심사를 마칠 수 있었다.

공항을 나올 때 삭막한 모래벌판을 예상하였는데 주변 들판과 산언덕에는 흐릿한 눈이 쌓여 있었다. 공기는 좋지 않았고 회색빛 하늘에 스모그가 가득했다. 지내고 보니 겨울이면 늘 볼 수 있는 풍경이었다. 다만 기온이 영하 25도였는데 체감상 춥지 않아 다행이라 생각하였다.

그리고 공항에서 나올 때 쭉 뻗은 도로에 차도 거의 없는 것을 보니 마음도 뻥 뚫린 거 같았다. 역시 몽골은 땅이 넓으니 교통 체증도 없을 거란 생각에 다소 안도감이

울란바토르 시내 첫 모습, 호텔 근처에 발전소가 있다.

들기도 했다.

하지만 울란바토르 시내로 들어오면서 조금씩 막히는 교통 체증에 불안감이 올라오기 시작했다. 그리고 항올구에 있는 호텔에서 짐을 풀고 밖을 바라본 모습은 생각보다 충격이었다. 호텔 근처에 있는 발전소에서 나오는 연기와 꽉 막힌 도로 모습을 보고 있으니 몽골에서 겨울나기가 만만치 않으리라는 생각이 들었다.

코로나가 종료되지 않은 시기였지만 몽골엔 사람들이 자유롭게 다니고 있었다. 호텔에서도 새벽까지 음악 소리가 떠나질 않았다. 나중에 지내고 보니 몽골의 12월 신질 기간은 파티가 일상인 시기여서 시내 곳곳 식당, 호텔 바, 술집 등은 새벽까지 영업하고 이 기간은 1년 중 가장 시끌벅적한 시기임을 알게 되었다.

2021년까지 한국인은 몽골 관광 및 방문을 위해선 비자를 별도로 신청을 해야 했기에 몽골은 방문이 쉽진 않은 곳이었다. 그런데 2022년부터 한국인은 관광에 한해 한시적으로 무비자 혜택을 받게 되어서 몽골 여행을 하기가 다소 수월해졌다.

몽골의 12월은 파티와 모임이 계속되는 시즌이다. UI 라운지 모습

코로나 전인 2019년도엔 9만여 명의 한국인이 몽골을 방문하였는데 코로나를 지나고 무비자로 바뀌면서 2024년도엔 19만여 명의 한국인이 몽골을 방문하였다. 이는 몽골을 여행 온 많은 국가 중 러시아 다음으로 많은 숫자다. 이렇게 많은 한국인이 몽골을 방문하고 GS25, 이마트, 카페베네 등 많은 한국브랜드가 몽골에 있지만, 몽골에 취업한 한국인들은 많이 보이지 않았다.

급여 수준이 한국보다 낮으니 갈 만한 일자리도 없고, 몽골에서 살기가 불편할 할 수도 있으니 아예 몽골로의 취업 생각을 하지 않으리라고 생각했다. 그런데 몽골의 여러 기업을 방문해보니 생각과는 달리 몽골에도 한국인이 일할 만한 곳이 꽤 있었다. 또한, 몽골에 있는 한국인들과 만나 얘기해보니 몽골에서 취업하여 살아보고 싶다는 사람도 많이 있음을 알게 되었다. 사실 겨울에 몽골 온 사람들은 크게 못 느끼지만, 여름에 몽골 온 사람들은 몽골이 너무 좋아서 한 번쯤 살아보고 싶다고 얘기하는 것을 많이 듣곤 했다.

7월 몽골의 흔한 풍경, 공항 가는 길

사진에서 보는 것처럼 몽골 여름은 정말 좋다. 하지만, 긴 겨울은 무척이나 춥고 교통 체증도 심해서 실외에서는 할 게 많이 없는 편이다. 몽골에서 첫 겨울을 보내면서 이렇다 할 만한 게 없음을 알아채고 차라리 대학원을 다니면 어떨까 생각을 하게 되었다.

마침 국제울란바타르대학교에서 몽골어를 못해도, 입학이 가능하고 수업도 영어로 강의를 한다기에 대학원에 진학하기로 했다. 대학원에 다니면서 논문 주제로 무엇을 할까 고민하다, 몽골을 방문해 본 한국인 중에는 몽골에서 살아보고 싶은 사람도 있으니 이젠 여행뿐 아니라 취업을 해서 몽골에 거주해보는 것도 나쁘지 않을 거 같단 생각이 들었다. 그래서 논문 주제를 한국 청년 몽골 취업 활성화 방안으로 정하고 작성하게 되었다.

또한, 지도교수님과 심사 교수님이 한국에서는 몽골 취업에 대한 정보가 거의 없으니 논문이 후에 한국에서 책으로 출판하게 되면 한국에 있는 청년들에게 몽골 취업에 관한 좋은 정보가 될 거 같다고도 하였다.

그래서 이하 내용은 본인의 논문과 몽골에서 3년간 거주하면서 알게 된 내용을 바탕으로 몽골 취업에 대해 알아보고자 한다.

그러면 몽골은 한국인이 거주해서 살만한 곳인지, 취업할 일자리는 있는지, 일자리를 얻은 후 경력개발은 할 수 있는지 등을 알아보자. 그에 앞서 몽골에 대한 전반적인 소개를 하고 몽골이 거주할 만한 곳인지부터 알아보자.

1. 가깝지만 먼 몽골[2)]

몽골은 한국인이라면 한 번쯤은 들어봤고 칭기즈칸 이름은 모를 사람이 없는 나라이지만 현재 몽골의 실상에 대해선 잘 모르는 경우가 많다. 먼저 몽골의 위치부터 살펴보자. 몽골은 동북아시아 서북부에 위치하고 중국, 러시아와 국경을 접하고 있는 이중 내륙국가다. 동서 길이가 8천 킬로미터가 넘고 국토 면적은 156만 제곱미터로 한반도의 7.4배 정도로 세계에서 18번째로 큰 국가다.

전 국토의 40% 이상이 황무지며, 서부 지역은 알타이산맥의 산악지역, 남부는 세계 최대 사막 지역 중의 하나인 고비 사막이 있는 지역이다. 평균 고도가 1,500m가 넘으며 바다가 없어 연중 건조하고 일교차와 연교차가 큰 대륙성 기후다. 10월부터 4월까지가 겨울이며 한겨울에는 영하 45도까지 내려간다.

몽골 지도, 수도 울란바토르는 중앙에서 약간 오른쪽에 있다[출처: 외교부 여행지도].

2) 외교부 2016, 몽골 개황

울란바토르 시내 겨울 모습, 국립어린이공원 부근

특히 수도 울란바토르는 1,358km 제곱미터로 서울의 2.2배 크기다. 앞서 언급한 대로 전 세계 수도 중 가장 추운 도시이기도 하다. 여름은 6월부터 8월까지로 비가 자주 오기도 하지만 날씨는 서늘하여 여행하기 좋다. 전 세계 많은 관광객이 이 시기에 집중적으로 방문을 하고 있다.

몽골은 중국과 러시아에 둘러싸여 있고 다른 국가와는 접하고 있지를 않아 양 국가의 정치적 지리적 경제적 영향에서 벗어날 수가 없다. 10대 자원국이라 불릴 만큼 석탄, 금 등의 자원이 풍부하여 캐나다 등 서방 국가와 광물자원 개발에 투자하고 있지만, 석탄 등 대다수 수출은 중국에 한정적이다. 인구는 345만 명으로 면적 대비 인구수는 세계 최저치다. 그런데 인구의 절반인 약 170만 명이 수도 울란바토르에 거주하고 있어 수도는 혼잡스럽다. 몽골 행정구역은 우리나라 도에 해당하는 아이막이 21개이며 시군구에 해당하는 솜은 315개다[출처:몽골통계청].

몽골은 할흐족이 90% 이상이고 카자흐족, 브리야트족 등 17개의 부족으로 구성되어있다. 종교는 티베트 불교가 50% 이상이나 실생활에서 종교적인 색채는 짙지 않다. 몽골어를 사용하고 있으나 문자는 러시아 키릴문자를 차용해서 사용하고 있다. 우랄 알타이어족으로 한국어와 어순이 같아 몽골인은 한국어를 쉽게 배우는 경향이 있다. 반면에 몽골어는 한국인이 발음하기 어려운 소리가 있어 한국인이 몽골어를 배우기는 쉽지 않은 편이다. 그래서 대부분 몽골어를 배우다 포기하는 사람이 많다.

2. 정치 경제 대외관계

정치[3]

몽골 정치체제는 민주 공화제다. 헌법개정 전에는 대통령중심제와 내각책임제의 중간 형태인 이원집정부제였으나 2000년 12월 14일 헌법개정 후에는 의회와 내각의 권력을 대폭 확대한 의원내각제 성격을 강화하였다. 대통령은 국가원수이면서 군 통수권자로 직선제로 선출하는데 6년 단임이다. 총리는 국정을 총괄하는 행정 수반으로 의회의 다수당 당수가 총리직을 수행한다.

정부 청사가 있는 칭기즈칸광장, 각종 행사가 열린다

3) 코트라(2022) 코트라 국가정보-몽골

국회는 76명의 국회의원으로 구성되어있지만 2024년 6월 선거 때 126명으로 증원하였다. 이 중 78명은 지역구, 48명은 비례대표로 선출된다. 임기는 4년이다. 집권당은 68석의 인민당이고 42석의 민주당이 제1야당이고 기타 국민의당 8석, 국민 연합 4석, 녹색당 4석이다[출처: news.mn.24.1.6].

경제

몽골 경제는 2010년부터 2011년까지 연 17%의 고성장을 기록하여 중동의 부자나라 카타르를 빗대어 울란카타르란 말이 있을 정도로 경제 호황기를 맞이했었다. 그러나 석탄 등 수출 급감으로 2016년 1%대 최저 성장을 기록하며 IMF의 지원을 받기도 하였다. 2020년 코로나 시기에는 주요 광물수요 급감으로 마이너스 10%의 경제성장을 기록하기도 하였다.

그러나 코로나를 완만히 극복하여 2023년엔 석탄 수출이 최고치를 기록하였다. 이렇게 광공업 부분에서 수출 호조와 몽골 방문의 해를 통한 관광산업 승신에 힘입어 6.7%의 경제성장을 기록하기도 하였다.

다만, 2022년 1월 이래로 지금까지 투그릭 가치가 약 20% 하락하고 있고(1달러에 2022년 1월 2,850 투그릭에서 2024년 1월 3,400 투그릭 단, 2025년 6월 현재 환율은 3,575 투그릭이다), 물가 상승(8.3%)이 지속되고 있는 점이 장애 요인이다. 몽골 국내총생산은 2023년 10월 현재 약 135억 달러로 전년 동기 대비 6.9% 증가했다. 1인당 GDP는 5,200달러를 예상하고 인플레이션은 8.6%, 실업률은 2023년 10월 현재 5.2%다[출처: 몽골통계청 2023.10.1, news.mn.24.1.8].

도로 위를 자주 지나다닐 정도로 몽골에 말은 정말 많다.
작고 순하게 생겼지만, 한때는 세계를 달렸던 몽골 말

몽골은 원래 양, 염소, 말, 소, 낙타의 숫자가 7천만 마리가 넘을 정도로 전통적인 목축 국가였다.

그러다 2000년 이후 광업 중심으로 경제 개발을 추진하면서 불과 20년 만에 GDP 규모가 10배 넘게 증가하였다. 그러나 몽골의 주요 수출품인 석탄, 금, 구리, 철광석의 수출량에 의해 몽골 경제가 크게 영향을 받고 있어 최근에는 광업에 의존하는 경제구조를 탈피하고자 도소매업(유통업), 제조업 등으로 산업 다변화 정책을 추진하고 있다.

대외관계[4]

몽골은 러시아와 1921년 수교한 이래 사회주의 연대를 바탕으로 긴밀한 협력 관

4) 외교부 2016, 몽골 개황

계를 형성해오고 있다. 2009년 몽·러 전략적 동반자 관계를 형성하며 몽골 내 친러 정서를 바탕으로 몽골 내 정치적 영향력을 행사해 오고 있다.

중국과는 1960년대 중소분쟁 시기 몽골의 소련 지지로 몽·중 간 외교 관계가 단절될 정도로 오랫동안 불편한 관계가 지속되었으나 2014년 시진핑 주석의 몽골 방문으로 전면적 전략 동반자 관계로 몽·중 관계가 격상되었다.

북한과는 1948년 수교 이후 전통적 우호 협력 관계를 유지하였으나 1990년 한·몽수교 이후 개방 추진을 위해 한국과의 관계를 강화했다. 몽골은 남북한과 등거리 외교를 통해 자국의 이익을 극대화하고 있다. 한편, 북한은 외화확보를 위해 몽골에 1,600명 이상 노동자를 파견하기도 했다.

미국과는 1987년 외교 관계를 수립하고 1988년 울란바토르에 미국대사관이 개설되었다. 미국은 몽골을 러시아와 중국을 견제하기 위한 전략적 지정학적 위치로 중요하게 생각한다. 몽골은 미국과의 관계 강화를 희망하며 적극적인 대미 외교 정책을 유지하려고 한다. 미국과의 항공 직항 개설을 위해 많은 노력을 기울인 끝에 최근에 몽골과 미국 간 항공 노선이 개설되기 시작했다.

일본과는 1972년 외교 관계를 수립하고 일본의 막대한 경제원조를 바탕으로 2010년 제3 이웃 국가로는 처음으로 전략적 동반자 관계를 수립하였다. 2015년 몽·일간 경제 동반자 협정 EPA를 체결하였고 칭기즈칸 국제공항 등 다수의 주요 국가시설, 울란바토르 시내 다수의 교량 등을 일본이 지원하였다.

한국과의 관계[5)]

한국과 몽골은 1990년 3월 공식 외교 관계를 수교한 이후 2021년 문재인 대통령과 후렐수흐 대통령 간 정상회담을 통해 전략적 동반자 관계로 승격된 이래로 경제와 투자 협력을 꾸준히 증가시켜 오고 있다. 몽골에 거주하는 한인들 대부분은 수도 울란바토르에 거주하고 다르항, 에르데넷 등 일부 지역에 소수의 한인이 거주하고 있다.

교민들 대부분은 몽골 이민청으로부터 1년 혹은 6개월 단위로 거주증을 발급받는데 매년(매번) 갱신해야 하는 번거로움과 비용 부담이 있다. 그러다 2024년 최근 몽골 정부에서 최대 3년 비자를 발급하기 시작하여 일부 IT 직종 등에 종사하는 한국인들은 3년 비자를 받기도 한다[출처:몽골노동사회복지청].[6)]

몽골 속 한류

몽골의 한류는 1998년 한국에서 인기 있었던 TV 프로그램 모래시계가 몽골에서 공전의 히트를 한 후 급속하게 전파되었다. 지금은 한국 문화가 몽골식 한국문화로 거의 정착화된 느낌이다. 2006년 몽골에서 고용허가제[7)]가 실시 된 이래 지금까지 4만여 명의 몽골인이 한국에서 일하고 몽골로 돌아왔다. 또한, 현재 5만 4천여 명의 몽골인이 한국에서 일이나 학업 등을 하며 거주하고 있다[출처:montsame.mn 2024.1.26].

이렇게 일과 유학 등으로 한국을 다녀온 몽골인이 30만 명이 넘는다고 하니 몽골

---

5) 외교부 2016, 몽골 개황
6) 몽골 노동사 회복지청장 및 인력이동국장 면담 확인
7) 고용주가 필요한 외국인을 신청하면 한국어 시험 등을 통해 정부가 합법적으로 고용을 허가하는 제도

전체 인구의 약 10%가 한국을 경험한 것이다. 이렇게 한국을 경험한 몽골인들이 많아지면서 한국에서 즐겨 먹었던 음식, 거주했었거나 봐왔던 아파트, 이용했던 쇼핑몰 등 한국 생활과 관련한 문화가 몽골에 널리 퍼지게 되었다. 현재 이마트는 5호점, CU 편의점은 480개, GS25 역시 270개까지 진출했다.

그 외 뚜레쥬르, 탐앤탐스, 카페베네, 새마을 식당 등 한국 음식, 한국 카페 등 생활 문화가 몽골 곳곳에 스며들고 있다. 또한, 울란바토르에는 한국식 아파트도 널리 유행하고 있다. 아파트 모습도 한국과 비슷한데 단지 내 GS25 편의점이 있고, 주

2023년 3월 울란바토르에 CU 300호 개점 축하를 하는 모습

한국과 똑같은 모습의 탐앤탐스, 2024년 11월 샹그릴라몰에 입점한 맘스터치

변에 이마트 등이 한데 어우러져 있어 몽탄 신도시라는 말이 나올 정도로 한국 신도시와 비슷한 면이 있다.

몽골사람들이 대부분 친절하고 한국 사람에게 잘해주지만 그렇다고 한국문화만 절대적으로 좋아하는 것은 아니다. 미국이나 일본 문화도 좋아한다. 또한, 자국 문화에 대한 자부심은 그 어느 나라 국민도 따라오지 못할 정도다.

아카데미, 훈누 아파트, 언뜻 보면 한국 아파트와 비슷하다.

3. 몽골 생활 이모저모

몽골 살기 괜찮을까?

한마디로 말하면 반년은 살기 좋고 반년은 힘들 수 있다. 몽골 겨울은 춥기도 하지만 그 기간이 길다. 몽골은 겨울 난방이 중앙시스템인데 9월 15일부터 5월 15일까지 난방이 가동된다. 그런데 신기하게도 9월 15일 전후로 기온이 영하로 내려가고 5월 15일 전후 영상으로 올라간다. 겨울은 춥지만, 울란바토르 시내 건물은 난방이 잘 되는 편이라 실내에선 춥지는 않다. 오히려 한국 겨울보다 실내는 더 따뜻한 거 같다.

시내에 있는 발전소와 시내 전역을 관통하는 난방관.
난방관이 매립되어 있지 않고 상부에 노출되어 있다.

2022년 4월 어느 날 모래바람에 눈이 온 후 맑게 갠 모습

봄과 가을은 짧지만 생활하기 괜찮고 6월부터 8월까지 여름은 몽골이 왜 관광으로 인기가 많은지 알게 해주는 계절이기도 하다. 몽골은 여행하거나 현지에서 지낼 때 날씨가 제일 중요하다. 봄이나 가을에는 어떤 날에는 하루에 4계절을 경험해 볼 수도 있을 만큼 날씨 변동이 심한 날도 있다.

그래서 몽골 1년간 날씨를 한 번에 알아보는 것도 의미 있을 거 같아 몽골에서 지낸 3년간 (2022~2024년)의 평균 날씨와 시기마다 열리는 행사와 가보기 좋은 여행지도 함께 정리했다.

몽골 1년 날씨

1월, 평균 영하 30도로 보통 1월 20일 전후가 가장 춥다. 2023년은 1월 20일에 영하 42도로 가장 추운 날이었다. 공기도 안 좋고 교통 체증도 제일 심하다. 이때는 춥기도 하고 눈도 많이 내려 교통도 안 좋다. 또한, 몽골 설날(차강사르)이 1월 말이나 2월 초에 있는데 사람들 이동이 많다 보니 될 수 있으면 여행은 자제하는 편이 좋다.

춥고 눈도 많이 와서 교통 체증이 심각한 1월

2월, 역시 영하 30도 내외로 춥다. 보통은 1월이 제일 추운데 2024년에는 2월 18일에 영하 41도로 제일 추웠다. 12월부터 강추위가 1월, 2월을 거치면서 이 시기엔 홉스골 호수도 꽁꽁 언다. 영화 하얼빈에 나온 멋진 배경이 겨울 홉스골이다.

겨울 홉스골은 적막하다. 꽁꽁 얼기 전 홉스골 모습

2024년 2월 가장 추운 날 공항 부근 눈 쌓인 모습

3월, 영하 25도에서 영하 10도 내외로 여전히 춥다. 학교가 개학을 하면서 교통 체증은 더 심해진다. 3월 말로 되면서 낮 최고 기온이 영상으로 올라오는 경우도 생긴다. 울란바토르를 가로지르는 툴강은 물줄기도 거의 없을 만큼 메마른 상태다. 3월 8일은 우리나라에는 없는 여성의 날이 있는데 회사에선 여직원을 위한 다양한 행사를 하고 이때는 1년 중 소비가 최고인 날 중의 하나이다.

강바닥이 보일 정도로 메마른 툴강 모습

여성의 날을 맞아 여직원을 위한 다양한 행사가 열린다.

4월, 최저기온은 영하 10도에서 1도 사이로 4월 중순부터 낮 최고 기온이 19도까지 올라간다. 기온 상으론 그렇게 춥지 않은 거 같은데 바람도 많이 불어 생각보다 꽤 춥다. 그리고 이시기엔 앞서 언급한 것처럼 바람이 많이 불고 황사도 생기고 눈도 오는데 이걸 하루에 다 겪을 수도 있다. 개인적으론 4월이 몽골에서 날씨가 가장 안 좋은 달이 아닌가 하는 생각도 든다.

황사로 뒤덮인 시내 모습

5월, 보통 5월 15일 전후로 최저기온도 영상으로 올라간다. 그런데 2024년엔 이상 기후 여파인지 5월 초에 낮 최고 기온이 28도까지 올라가기도 했다. 날씨가 조금씩 따뜻해짐에 따라 5월 몽골 여행도 괜찮은 시즌이 되었다. 테를지 국립공원은 시내와 가까이 있어 거주자는 언제든 갈 수 있는 장소로 인기가 있지만, 이젠 여행객들에게도 5월에 테를지를 가는 것이 꽤 좋은 여행 선택지가 될 듯싶다.

5월 국립공원 테를지 모습,
다양한 게르 캠프

6월, 2024년엔 5월에 이른 더위가 와서인지 6월은 예년보다 다소 쌀쌀했다. 최저 6도 최고 22도로 2024년 6월 21일엔 눈이 내리기도 했다. 2022년 6월엔 비가 많이 왔는데 2023년 6월엔 많이 오지 않았다. 6월부턴 몽골 전 지역이 본격적으로 푸릇푸릇해지는 시기다.

6월 톨강의 초록 초록한 모습

모래바람이 불기도 한다.

7월 몽골에서 지내기 제일 좋은 달이다. 최저 10도에서 최고 28도로, 날씨가 선선한 편이다. 각종 행사에 축제가 많고 학교는 방학이라 교통도 원활하다. 나담축제가 몽골 전역에서 7월 11일부터 15일까지 진행되는데 관광객도 많이 와서 즐긴다. 참고로 나담축제 땐 씨름, 말 경주, 화살쏘기 등 3종목의 스포츠를 겨룬다. 이중 씨름이 제일 인기가 많은데 우승자는 부와 명예를 한꺼번에 얻을 수 있고 후에 대통령이나 국회의원, 시장 등으로 진출하기도 한다.

나담 국립경기장 행사장 안과 밖 모습

한편, 몽골은 비가 많이 오진 않는 편인데 여름엔 비가 자주 조금씩 온다. 그런데 2023년엔 비가 많이 와서 시내 여러 곳이 침수되기도 했다. 2022년엔 6월에, 2023년엔 7월에, 2024년엔 8월에 비가 많이 내렸다.

침수된 나담 경기장 근처

침수된 톨강 모습

물론 이렇게 비만 오는 게 아니다. 몽골 여름은 정말 좋다.

7월엔 몽골 어디를 가도 다 좋으나 홉스골 여행이 최적기다. 홉스골 지역은 6월은 봄, 7월은 여름, 8월은 가을이란 말이 있을 정도로 다른 지역보다 춥기에 1년 중 7월 아니면 그 멋진 자연을 제대로 만끽하기 힘들다.

홉스골 여름 풍경

8월, 홉스골 등 북부 지역은 이때부터 가을로 들어간다. 보통 8월 중순 기준으로 최저 11도 최고 19도로 쌀쌀한 편이다. 8월 말 이후론 급격히 추워지기에 홉스골 여행을 가려면 늦어도 8월 말 전까지는 가보는 게 좋다. 그 대신 8월 말엔 울란바토르 북쪽에 있는 셀렝게 지역으로 여행하기 좋다. 셀렝게는 러시아 접경지역이라 몽골과는 색다른 지역이다. 세후니 후틀에서 보는 전경이 멋지다. 그리고 이 지역에서 그리 멀지 않은 곳에 한국 유한킴벌리에서 지은 멋진 숲이 있는데 보는 것만으로도 자부심이 느껴진다.

셀렝게 지역은 기차를 타고 갈 수 있어 좋다.

셀렝게 전경

셀렝게 세후니 후틀

유한킴벌리 숲

셀렝게 유한킴벌리 지역으로 가는 길목에서

9월, 최저 영하 4도, 최고 25도로 변동 폭이 심하다. 9월 15일 전후로 영하로 내려가면서 눈도 내리기 시작한다. 9월 1일 새 학년이 시작하면서 학교 갈 준비하느라 8월 마지막 주부터 시내 교통 체증도 심해진다.

시내 교통 체증

눈도 내리고

행사도 많아진다

그래도 초록 초록

차강소브라

카라반 세라이 내외부. 카라반세라이는 아랍남편이 몽골 아내를 위해 지었다고 한다.

9월엔 고비 지역으로 여행을 가는 게 좋다. 특히 차강소브라 지역에 있는 카라반 세라이는 한 번쯤 방문해볼 만한 곳이다.

눈 내린 초원

누렇게 변해버린 모습

광장에서 결혼 축하 사진

10월, 원래 몽골은 10월부터 추워지는데 예년과는 달리 2024년엔 최저 영하 8도 최고 18도로 다소 따뜻한 편이었다. 물론 눈도 자주 내리기도 했다. 눈이 한번 내리면 겨우내 언 상태로 있다. 대략 10월부터 1월까지는 몽골 여행 비수기다.

11월, 2022년, 2023년은 11월부터 영하 25도까지 내려가면서 무척 추웠는데 2024년은 예년보다 따뜻했다. 최저 영하 21도, 최고 영하 5도였다. 지구 온난화 영향을 몽골도 직접 받는 거 같다.

울란바토르 게르촌 모습.
게르촌에 게르만 있는 게 아니라 일반 집이 더 많다.

톨강의 11월 모습.
꽁꽁 언 얼음 위로 드리프트 하는 차들이 늘어난다.

11월부터 12월까지 교통 체증의 절정이다.

11월 홉스골 가는 길. 여행 비수기라 홉스골 가는 길이 뻥 뚫렸다.

12월, 본격적인 겨울인 12월은 2023년 중순에 최저 영하 35도, 최고 20도였지만 2024년 중순엔 최저 영하 25도, 최고 영하 12도로 예년보다 다소 따뜻했다. 신질 파티가 연이어 이어지는데 고급 식당에선 친구, 연인끼리 와인과 분위기를, 한식당에선 회사 동료끼리 소맥을 마시고 마신다. 새해맞이 불꽃 쇼 역시 몽골에서도 성대하게 행해진다.

초이진 식당

한국 식당 소맥 파티

화려한 불빛의 국립어린이공원 야간 모습

칭기즈칸 광장에서 열리는 새해맞이 불꽃쇼

몽골 물가 및 급여

몽골 물가

물가를 알아보기에 앞서 우선 몽골 1인당 GDP를 알아보자. 1인당 GDP가 2022년엔 약 4,500달러, 2023년엔 약 5,000달러, 2024년엔 약 5,500달러, 2025년엔 6천 달러를 예상할 만큼 몽골의 1인당 GDP는 계속 상승하고 있다. 하지만, 이에 맞게 물가도 올랐는데 다른 국가처럼 몽골도 코로나를 지나면서 물가가 많이 올랐다. 2021년 12월에는 전년 대비 13% 넘게 올랐는데 그 후로도 매년 약 9~10% 물가가 올랐다. 아래는 2022년 1월에 몽골 이마트에서 만원으로 산 식료품이다. 이때만 해도 1만 원으로 귤 6개, 바나나 4개, 샐러드, 김밥, 치즈 8매, 빵, 초코바 3개 등을 살 수 있었다. 오른쪽은 224년 8월 가격이다.

1만1천 원으로 산 것(E마트)

한국 김밥 8,800원(푸드코트)

수박 약 8만 원 (굿프라이스)

물론 샹그릴라 푸드코트에서 파는 김밥이 다른 식당에서 파는 한국식 김밥 약 3,500원보단 많이 비싼 편이다. 몽골에서 한국 수박은 한국산 딸기와 더불어 가장 비싼 과일 중의 하나인데 수박 한 통에 약 8만 원 한다. 참고로 중국산 수박은 약 1만 6천 원이다. 한국산 과일은 중국산과 비교하면 최소 2배 이상 비싼데도 생각보다 인기가 많다.

2022년 4만 원~5만 원

2024년 5만5천 원~6만5천 원

지난 3년간(2021년 12월부터 2024년 12월) 대표적인 물가를 보면 0.5ℓ 물이 350원에서 500원으로, 유가(기름)는 보통 휘발유 옥탄가 95 기준 리터당 850원에서 1,550원으로, 러시아산 쌀 1kg은 2,000원에서 3,000원으로, 슬라이스 치즈(8매 기준)는 2,200원에서 3,500원으로, 식당 메뉴인 된장찌개는 7,200원에서 12,000원으로 올랐다. 특히 몽골에서 가장 유명한 제품인 고비 캐시미어의 경우 머플러는 4만 원에서 6만 원으로 올랐다. 지난 3년간 대략 거의 모든 품목 및 분야에서 적어도 50%는 오른 거 같다.

구형 한국 버스

신형 중국 전기 버스

버스요금도 인상이 될 거라고 2024년부터 얘기가 나왔는데 2025년에 기존 200원에서 400원으로 인상이 되었다. 대신 많은 버스가 냉난방이 완비된 최신 전기차로 교체되어 운행 중이다.

물론 저렴한 것도 있다. 소고기는 1kg에 1만 원이 안 되며 감자 역시 1kg에 2천 원도 안 한다. 한국산 빵을 제외하면 빵은 1개에 500원 정도다. 식당에서 김치찌개 등 한식은 약 12,000원이지만 고급 식당에서 소고기 스테이크는 20,000원으로 저렴한

중저가 음식점 메뉴

편이다. 그 밖에 롯데리아, 버거킹 등 세트 메뉴는 8,000원, 카페베네 커피 3,000원 등이다. 기본적으로 몽골에서 생산된 제품 외에는 대부분 비싼 편이다. 사진 속 음식은 몽골에서 5천원에서 7천 원 사이 먹을 수 있는 대표적인 점심 세트 메뉴다. 장소는 시내 항올구 미셀 엑스포 푸드 스트리트와 그 옆에 있는 이비스 호텔이다. 그 다음 사진은 울란바토르의 대표적인 고급 식당이다.

시내 고급 레스토랑

몽골 주택 가격

몽골 하면 게르를 떠오르며 대부분이 게르에 사는 것처럼 생각하지만, 울란바토르에 사는 사람 중 절반은 아파트에 살고 있다. 그 외 30%는 일반주택, 20%가 게르라고 한다. 참고로 게르 1동은 보통 약 100만 원이면 짓는다고 한다.

몽골 아파트(주택) 가격은 2021년 12월 이래 단 한 번도 떨어짐 없이 계속 우상향하고 있다. 2024년 12월 기준 울란바토르 주택 가격은 작년 대비 약 15% 상승하였다. 울란바토르 주택 평균 가격은 제곱미터당 약 186만 원(465만 투그릭)이다.

지역별로는 항올이 약 187만 원(468만 투그릭), 바양주르흐 약 178만 원(445만 투그릭), 수흐바타르 약 228만 원(572만 투그릭), 바양골 약 171만 원(428만 투그릭) 등 지역별로 차이가 있다.

물론 어디까지나 전체 지역 평균 가격이라 한인들이 많이 사는 몇 개 지역을 보면 가격은 훨씬 높다. 참고로 한국인도 몽골 아파트를 살 수 있다. 단, 토지는 구매가 어렵다. 한인들이 많이 사는 대표적인 지역 위주로 매매, 임차 가격을 알아보면 다음

관광용 게르

거주용 게르

과 같다. 참고로 울란바토르 시내 전통적인 부촌이었던 항올 자이승 지역이 교통 체증 등의 원인으로 조금씩 쇠퇴하고 이마트 주변 아파트가 새롭게 부촌으로 떠오르고 있다[편의상 1투그릭은 0.4원으로 계산, 현지 포털 사이트 응구이, 부동산 리맥스 참고].

나담 센터 주변

나담 센터 옆 칭겔테 아파트는 교통이 좋고 신축이라 선호도가 높은 편이다. 매매가는 96㎡에 약 2억 9천만 원(7억 3천만 투그릭)이다. 임차료는 100만 원(250만 투그릭)에서 240만 원(600만 투그릭)까지 면적에 따라 다양하다.

국립경기장과 나담 센터가 옆에 있고 교통도 좋은 아파트

재팬타운 아파트와 뒤쪽에 보이는 한국식 훈누 아파트

재팬타운과 아카데미 아파트

재팬타운 아파트 1-3은 구형이고 재팬타운 4-5는 신축이다. 구형은 80㎡ 기준 임차료가 140만 원(300만 투그릭)에서 200만 원(500만 투그릭) 사이이다. 재팬타운 신축은 135㎡ 기준 임차료는 240만 원(600만 투그릭)에서 320만 원(800만 투그릭)이다. 근처에 있는 훈누아파트 임차료는 70㎡기준 100만 원(250만 투그릭)에서 120만 원(300만 투그릭)이다. 매매가는 70㎡기준 1억 9천 2백만 원(4억 8천만 투그릭)이다.

툴강 옆에 있는 리버가든 아파트 단지

리버가든 아파트

부촌으로 유명한 리버가든은 110㎡ 기준 임차료는 240만 원(600만 투그릭)이며 매매가는 101㎡기준 4억 원(10억 투그릭) 내외다.

몽골 급여

몽골 물가는 생각보다 저렴하지 않은 편인데 몽골사람들 급여는 어느 정도 인지 궁금할 거 같다. 급여 역시 물가가 오른 만큼 큰 폭으로 올랐다. 2021년 12월에만 해도 대졸 신입의 경우 월급이 40~50만 원 정도였는데 2024년에는 약 80만 원으로 올랐다(근로자 평균 급여는 약 72만 원에서 110만 원으로 상승). 그런데도 기업에서는 몽골에 일할 사람이 없다고 하소연을 한다(몽골 남성은 한국 등 해외로 취업을 하러 많이 나간다).

몽골 최저임금은 2025년 4월 현재 약 32만 원(792,000투그릭)이다. 하지만 한국과 달리 최저임금을 주는 곳은 거의 없다. 편의점에서 단기로 일을 해도 50만 원 이상은 받는다. 물가와 비교하면 몽골 급여가 높진 않은 편이지만 한국과 달리 몽골에선 2, 3개 직업을 갖는 경우가 많다. 회사 다니면서 남성은 퇴근 후나 주말에 택시를 해서 돈을 벌고, 여성은 부동산 일을 하는 경우가 많다. 그러다 보니 실제 소득은 급여보다 많을 수가 있다. 그리고 한국 사람과 달리 몽골사람 대부분은 저축을 거의 하지 않는다(하지 않는 것이 아니라 저축할 돈이 없다고 한다).

몽골 금리가 12%?

몽골은 기준 금리가 2025년 5월 현재 12%로(몽골 투그릭 기준) 은행에 1년 예금만 가입해도 최소 세전 연 12% 이상의 수익률을 얻을 수 있다. 반대로 은행에서 돈을 빌릴 땐 약 20%에 육박하는 이자를 부담해야 한다. 또한, 환율 변동 폭이 크기에 외국인이 투자하기엔 위험 요소는 있다. 2021년 12월 이래 2025년 5월 현재까지 몽골 투그릭은 약 20% 하락했다. 다만, 몽골 예금통장을 개설하기 위해선 거주증이 필요하기에 관광객 등은 가입할 수가 없다. 하지만 몇몇 은행에선 거주증이 없어도 예금 가입이 가능하기도 하다. 이때 몽골인이나 거주증이 있는 외국인은 10%의 세금을, 거주증이 없는 경우엔 20%의 세금을 원천 공제하고 이자를 지급하고 있다. 참고로 몽골은 화폐 단위가 투그릭이며 1달러는 현재 3,573투그릭이며 화폐는 모두 지폐로 동전이 없다. 1, 5, 10, 20, 50, 100, 500, 1000, 5000, 10,000, 20,000 등 총 11가지 종류로 1투그릭은 거의 사용하지 않고 있다.

몽골 은행 1위인 한뱅크

2위인 TDB

몽골 화폐. 5투그릭부터 2만 투그릭까지 10종류다(1투그릭 제외).
칭기즈칸과 수흐바타르 2명의 인물이 도안 되어있다.

몽골 사회

신구 세대

몽골 사회에서 신구 세대를 얘기할 때 나이를 기준으로 하면 대략 40대를 기준으로 한다. 40대 이상 몽골사람은 러시아 영향을 많이 받아 학교에서도 러시아어를 배우고 자랐지만, 러시아와 중국의 영향(압력?)으로 칭기즈칸 등 몽골의 역사 교육을 제대로 받지 못했다. 몽골사람 하면 떠오르는 힘 좋고 성실한 모습은 40대 이후 지방에 사는 몽골사람에게 많이 나타난다.

반면에 30대 이하 젊은 층은 학교에서 칭기즈칸 등 몽골의 역사를 배우다 보니 그 자부심이 대단하다. 또한, 러시아어를 거의 배우지도 않고 러시아 영향을 많이 받지도 않았다. 2008년 전후 몽골에 한류가 전파된 이래로 지금 대다수의 몽골 젊은 세대는 한국어를 배우고 한국 영향을 많이 받는 편이다. 참고로 몽골에는 한국인이 세운 대학만도 국제울란바타르대학 등 4개이며, 총 4개의 세종학당이 있으며 이중 전 세계 세종학당 중 1번 세종학당이 국제울란바타르대학 내에 있다.

노무현 대통령 국제울란바타르대학 방문 모습

국제울란바타르대학 본관 모습

신용사회?

몽골은 아직 신용사회가 아니다. 울란바토르에서 거의 모든 사람은 카드를 사용하지만 어디까지나 체크카드(현금카드)일 뿐이고 신용카드 사용은 미미한 수준이다. 몽골사람들에게 물어보면 돈에 관해선 서로를 믿지 않는다고 한다. 예를 들어 물품 제작을 업체에 요청하면 요청 시에 현금을 먼저 보내야 한다. 그리고 친구끼리, 지인끼리 돈을 빌려달라고 하는 경우도 많은데 소액인 만큼 잘 갚지 않는다고 한다.

몽골사람 특징

몽골 사람을 한마디로 표현하면 현재에 충실하고 즐길 줄 아는 사람들이라고 생각한다. 여름에 놀러 가기 위해 일을 한다거나 12월 신질 파티를 위해 돈을 모은다는 사람들이 많다. 몽골사람들의 놀고 즐기는 수준은 한국을 뛰어넘는 거 같다.

남녀별 특징을 보면, 몽골 여성들은 교육 수준이 높고 특히 젊은 세대는 자의식도 높아 자기주장이 강한 편이다. 최근에 결혼 연령이 높아지기 시작했지만 그래도 고등학교나 대학 졸업 전후로 결혼을 하는 비율이 한국보단 훨씬 높은 거 같다. 10대는 GS25 등 편의점, KFC, 버거킹 등에서 단기 계약직으로 일을 많이 하지만 오래 하는 경우는 많이 없다. 20대는 한뱅크, APU 등 일반 기업에서, 30, 40대는 공무원 등 공공기관에서 일하는 비율이 높은 거 같다.

지방 공공기관을 가보면 직원 20여 명 중에 시설관리 1명만 남자이고 전부 다 여자인 경우도 있을 정도로 공무원은 여성의 비율이 높다.

여성 공무원이 대다수인 지방기관

리맥스 부동산 회사

특히 나이와 상관없이 여성들은 리맥스 등 부동산에 많이 종사한다. 몽골에선 집을 소개할 때 중개수수료가 보통 1개월 임차료 이상인데, 중개 거래 1건만 잘해도 월급보다 훨씬 많이 벌 수 있다. 참고로 주택 임차 시 한국과 달리 집주인만 중개수수료를 내고 임차인은 수수료를 내지 않는다.

몽골 여성들은 술을 잘 마시고 최근에는 전자담배를 피우는 사람이 늘어나고 있다. 파티, 행사 참여 등 외부 활동을 좋아하고 최신 유행에 민감한 편이다. 아이폰 소지 비율도 남성보다 훨씬 높은 편이다. 몽골 사람과 한국 사람이 많이 닮았다고 하는데 닮으면서도 다른 면도 있다. 특히 몽골 여성은 아시아보단 서구형에 가까워 키가 크고 늘씬한 사람들이 많은 편이다. 몽골 여성 본인들도 아시아인이라 생각하기보단 러시아나 서구형에 가깝다고 여기는 사람들이 많다.

개방적이고 호탕한 편인데 질투도 많은 편이라고 한다. 몽골 남성들이 결혼 전엔 여자에게 상전이지만 결혼 후엔 여자에게 꼼짝 못 하는 경우를 많이 봐왔다. 몽골 여성을 한마디로 표현하면 안과 밖 모두 강한 내강외강형이라 볼 수 있겠다.

까르푸(마트)에서도 쉽게 술을 저렴하게 살 수 있다.

몽골 남성을 말할 때 술과 자동차를 빼놓고 말할 순 없다. 술을 마시지 않는 남자를 찾아보기 힘들 정도로 술을 자주, 잘 마신다. 술값은 저렴하고 술에 대한 문화도 한국보다 더 관대한 면이 있다. 평소에는 일을 잘하는데 술을 마시고 난 그다음 날 회사에 늦게 나온 경우가 많은데 술을 자주 많이 마시다 보니 이런 일이 자주 일어난다.

몽골에선 남성들이 한국 등 해외로 많이 일하러 가고 자국 내에서 일할 사람이 많이 없다 보니 해고나 징계를 하기도 어려워 기업의 고충이 많다고 한다. 특히 몽골에선 자기 차만 있으면 자유스럽게 택시를 해서 돈을 벌 수 있고 그 버는 돈이 월급보다 훨씬 많으니 몽골 남성 중에는 굳이 회사 다닐 필요성을 못 느끼는 경우도 많다. 특히, 최근에는 여름에 관광객이 몽골에 많이 오다 보니 회사를 그만두고 가이드나 차량 운전으로 돈을 버는 남성들이 많아지고 있다. 여름 한 철 가이드 등으로 일을 하면 몽골에서 1년을 먹고살 수 있기에 남성들에겐 인기가 많은 직업이다.

몽골 여행 시 이용하는 푸르공

유목민의 기질이 있기에 해외로의 이주도 자연스럽고 적극적으로 해외로 진출하려는 사람들이 많을 거 같지만 꼭 그렇지만은 않다. 안전하지 않다고 여기거나 잘 모르는 나라는 아예 갈 생각을 하지 않는다고 한다. 한국이 제일 많고 터키, 미국, 일본, 호주, 스위스 등에 많이 거주하고 있는 편이다.

집보단 차

2008년 울란바토르 시내 도시 개발 등을 하면서 토지 관련 서류 등을 관청에 제출하라고 했는데 몽골사람 대부분은 그 필요성을 못 느끼고 제출하지 않았다고 한다. 반면 소수의 사람은 토지 관련 서류 등을 제출해서 자기 땅을 인정받고 후에 부를 축적할 수 있었다고 한다. 넓은 땅에 게르만 지으면 내 땅이라고 생각하는 사람들이 많고 주택에 대한 욕심이 없어서 그런 일이 생겼을 수도 있다.

시내는 계속 아파트 단지들이 들어서고 있다. 베가시티 타라센터

그 대신 유목민 특성인지 차에 대한 집착은 큰 거 같다. 몽골 남성 대부분 운전을 하는데, 스스로 잘한다고 생각한다. 그래서인지 미국 트럭커로도 많이 진출했다고 한다. 몽골 남성들이 바라는 최고의 드림카는 벤츠 G 바겐인데 매우 비싸다 보니 현실적인 드림카는 도요타의 랜드 크루저다.

울란바토르 시내에서 흔하게 보이는 지바겐

그런데 2010년까지만 해도 울란바토르 시내에는 차가 그렇게 많지 않았다고 한다. 2010년까지는 한국의 현대 베르니(디젤)기 연비가 좋아 인기가 많았는데, 디젤 특성상 몽골 겨울이 춥다 보니 시동이 걸리지 않은 경우가 많이 생겨 생각만큼 많이 보급은 되질 않았다고 한다. 그러다 2015년 몽일 EPA 협정이 체결된 이후 나름 저렴한 일본 중고 프리우스 차량이 몽골에 도입이 되었다. 하이브리드라 연비가 좋고 일본 차답게 고장이 잘 안 나서 처음부터 관심을 많이 받았다. 그러다 한겨울 야외에서도 아무 문제 없이 시동이 잘 걸리자 폭발적으로 차량이 증가하기 시작했다. 더구나 몽골에선 자기 차로 택시 운영이 가능하기에 너도나도 프리우스 중고차를 사기 시작했다고 한다. 그 결과 울란바토르 시내는 만성적인 교통 체증을 경험하고 있다. 도로 위 차량 10대 중 6, 7대는 프리우스 일 정도다.

도로 위 프리우스 차량, 날씨가 좋으나 나쁘나 일상이 된 교통 체증

그런데 울란바토르에서 거주할 때 가장 큰 단점을 하나 꼽으라면 교통 체증이라고 말할 정도로 그 정도가 심각하고 몽골 삶의 질을 떨어뜨리는 요소 중의 하나라 생각한다. 몽골 정부에서도 이점을 잘 알고 있어 울란바토르 시내에선 차량 5부제를 시행하고 있다. 또한, 심한 경우 2부제도 하지만 효과는 미미하다고 한다. 최근에는 공무원 대상으로 유연근무제를 확대해 오전7시~오후4시 퇴근으로 출퇴근 시간대 차량 이동에 변화를 주려 하고 있다. 참고로 몽골에는 일반적인 택시가 있지만 거의 활용되지 못하고 자가용 택시가 일반적이다. 택시(일반적인 프리우스 등 자가용)를 타면 km당 약 800원(2천 투그릭)을 받는다.

몽골 교육

몽골도 한국처럼 교육열이 높다. 울란바토르 시내에 학교가 부족하다 보니 아직도 2부제로 운영하는 학교도 많아 집에선 아침 일찍부터 등교 준비를 한다. 방학을 제외하고 아침 6시만 되면 집마다 조명이 켜지기 시작한다.

10세 이하 아동의 경우엔 보호자가 직접 학교로 데려다주어야 한다는 규정 때문인지는 모르지만, 교통 체증이 시작되는 원인이 되기도 한다. 2부제 학교가 많다 보니 동생은 아침 8시에 등교, 12시에 하교, 형은 1시에 등교, 5시에 하교를 한다. 그러면 학부모 중 한 사람은 아이들 등하교 시키는 데만 하루 대부분 시간을 도로에서 보내는 셈이다. 참고로 몽골의 학교는 학교 이름 대신 대부분 번호로 지칭한다. 다음은 1번 학교 모습이다.

역사와 전통의 울란바토르 1번 학교

또한, 사립 및 공립학교 가릴 거 없이 몽골에서는 방과 후 수업도 하고 사교육도 많이 하고 있다. 몽골에 있는 한국 학생들 역시 학원 등을 많이 다니고 있다. 여느 나라와 다름없이 영어가 제일 중요한 과목 중의 하나라고 한다. 몽골에도 사립학교가 많이 있고 한국인들이 선호하는 외국인학교도 많이 있다. 그중 울란바토르 국제학교 ISU(International School Ulaanbaatar)는 몽골에서 최고로 선호하는 학교이지만 연간 학비가 약 4,000만 원이 넘을 만큼 비싸다.

몽골에서 제일 학비가 비싼 울란바토르국제학교 (ISU)

졸업식은 연회장을 빌려 성대하게 하고 화려한 드레스를 입고 다닌다.

몽골 학교 특징 중 하나는 사립을 제외한 대부분 공립은 1학년부터 12학년까지 처음 입학한 학교를 12년 동안 계속 다녀야 한다. 그러다 보니 대학 가기 전 졸업은 한 번만 하고 12학년 졸업식은 축제를 방불케 할 만큼 성대하고 화려하게 한다.

예전에는 졸업식 때 사고? 치는 경우가 많아서 그대로 결혼하는 사례가 많았다고 하는데 지금은 그렇게 많지는 않다고 한다. 아울러 학년이 올라갈수록 여성이 더 공부를 잘하고 대학교 진학률도 여성이 남성보다 훨씬 높다. 그리고 학생들은 대학 진학 시 자국 대학보다 해외 대학(영미권, 한국 등)을 더 선호해서 예전만큼 몽골 내 대학의 위상이 좋진 않다고 한다. 그래서인지 대학 설명회도 적극적으로 하고 있다.

대학 설명회
행사장 밖

유학설명회

취업설명회

한국 유학을 가려는 학생 또한 무척 많다. 현재 한국에서 공부하는 몽골 학생이 7,000명이 넘는다고 하는데 몽골에서 한국 유학설명회를 하면 지역 및 학교당 수십 명의 학생이 참여한다. 물론 한국 취업설명회를 하면 수백 명의 몽골사람이 모인다.

몽골의 대학교 한 학기 등록금은 학점에 따라 다소 차이는 있지만 보통 자국민은 약 100만 원인데 비해 외국인은 2배 이상을 받는다. 몽골국립대는 외국인이 입학하려면 몽골어를 사전에 배워야 한다. 물론 몽골어가 가능하거나 몽골 어학 점수가 있으면 어학원을 다니지 않고 입학할 수 있다. 반면 몽골어를 못해도 입학할 수 있는 학교도 많다.

몽골 대학교 졸업식은 해당 대학교에서 하지 않고 칭기즈칸광장 옆에 있는 문화회관에서 학교별로 날짜를 정해 한다.

대학 학점은 모두 4.0 만점으로 계산되고 졸업장은 몽골어, 전통 몽골어, 영어 3장으로 주어진다. 특이하게도 대학 성적표가 졸업장에 끼어서 같이 제공된다.

청기즈칸광장 옆 문화회관에서 대학 졸업식이 열린다.

한 명씩 호명되어 수여하는 졸업장

졸업 축하공연 모습

몽골 최고의 대학은?

몽골에선 몽골국립대가 제일 좋은 대학이라고 알려져 있고 몽골을 대표하는 대학이다. 하지만, 대학 입학점수론 국립재경대학(Finance&Economics)이 더 높다. 그리고 한국과 달리 의대 점수가 높지 않은 편이다. 아울러 과목 선택 등에 따라 다르지만, 일부 사립 의과대학은 입학점수가 410점인데 국립대 간호학과는 480점으로 간호학과 점수가 더 높기도 하다. 주요 대학 점수는 몽골국립대 480~600점, 몽골교육대 420~480점, 몽골의과대 410~480점, 몽골과학기술대 450~480점, 몽골농업대 450~480점, 몽골예술대 440~480점, 몽골재경대 500~650점이다[zms.mn.2024.7.17]. 사립대학 중에는 국제울란바타르대학이 점수를 공개했는데 480점 정도를 받으면 입학할 수 있고 700점 이상이면 100% 장학금, 500점 이상이면 40% 이상의 장학금을 받을 수 있다고 한다.

몽골과기대 전경

몽골과기대 내부

몽골 최고의 대학인 몽골국립대학교 본관

한편, 지금까지는 몽골국립대뿐 아니라 몽골에 있는 대학들이 세계대학과 견주어 봤을 때 어느 정도 수준인지 알려져 있지 않았다. 그런데 이번 2024년 영국 타임즈가 주관하는 세계대학 평가에서 몽골국립대가 1,501등으로 처음으로 순위에 이름을 올렸다[montsame.mn.2024.10.9]. 아래는 몽골 국립대학 모습으로 몽골국립대는 한곳에 모여있지 않고 단과 대학별로 흩어져 있다. 참고로 몽골에선 몽골국립대가 1위, 몽골과기대가 2위라고 알려져 있다.

초록 초록한 초원과 높고 높은 파란 하늘

몽골 생활 장단점

지금까지 언급한 내용을 바탕으로 몽골의 장단점을 알아보자. 몽골에 여러 가지 장점이 있지만, 첫 번째 장점은 여름 여행지로서 한국인들이 여행하기 최적의 장소라 생각한다. 몽골의 여름 특히 7월은 선선하고 날씨도 좋아서 장마철에 한국인들이 여행하기엔 최고의 여행지 중 하나가 아닐까 생각한다. 물론 여름에 몽골에서 한 달살이 하는 것도 좋은 선택이 될 수 있다.

다만 몽골 여행 시 한국인은 차량을 직접 빌려서 다닐 수 없고 날씨라는 장애물이 있으니 이점은 미리 알고 준비하는 게 좋다. 다른 여행지와 달리 비가 많이 오거나 날씨가 안 좋으면 몽골에서 할 수 있는 건 제한적이라 날씨가 몽골 여행에서 차지하는 비중은 그 어떤 것보다 더 중요하다고 볼 수 있다. 참고로 몽골 오면 반드시 사 가야 할 기념품으론 1위가 고비 캐시미어, 2위가 보드카이고 그 외 낙타 양말, 낙타 인형, 할가이 샴푸, 잣, 차차르간(주스) 등이 있다.

두 번째는 한국에 우호적이고 한국과 비슷한 분위기다. 앞서 언급한 대로 한국과 몽골의 교류가 확대되고 한국기업, 한국인 설립 학교 등도 많다 보니 몽골에서 적응하는 게 어렵지 않다. 특히 해외에선 병원 진료가 중요한데 한국인이 운영하는 치과도 있고 한국인이 세운 종합 병원도 있어 몽골어를 못해도 아무런 부담 없이 진찰을 받을 수 있다.

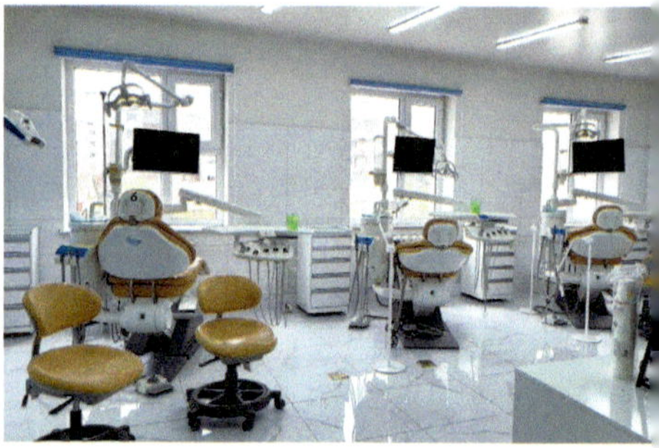

이흐자삭대학교 내에 있는 한메드 병원

인터넷 속도도 한국과 비슷할 정도로 빠른 편이다. 넷플릭스도 시청 가능하고 무엇보다 유튜브에 광고가 거의 없다 보니 유튜브 프리미엄에 무료로 가입된 느낌도 든다. 유튜브에 광고가 많이 없으니 몽골의 유튜버들은 수십만 구독자의 인기가 있어도 그렇게 수익이 많지가 않다. 아울러 미스 몽골, 인플루언서, 유명 연예인일지라도 한국 같은 엄청난 부가 따라오진 않는 거 같다.

마지막으로 몽골은 발전 가능성이 많은 나라다. 정치와 외교 등이 안정되게 운영이 되면 아랍에미리트나 카타르 같은 부유한 국가가 될 수 있다고 본다. 세계 10대 자원 부국이자 넓은 국토에 인구는 적다. 몽골사람들 지능지수도 세계 10위권일 정도로 똑똑하고 교육에 열성적이기에 충분히 잘 살 수 있는 나라다.

1인당 GDP도 해마다 약 10%씩 상승하고 은행 금리가 10%가 넘는다. 시내 곳곳에 건물 등을 짓고 있어도 사무실은 여전히 부족할 정도다. 이렇듯 몽골이 발전함에 따라 투자의 가치도 충분히 있다고 본다.

시내 중심부 모습, 계속 지어도 사무실이 부족하다.

몽골의 단점이라면 앞서 언급했듯이 첫째가 교통 체증이다. 여행으로 몽골에 오면 울란바토르 시내를 거의 다니지 않으니 크게 상관은 없지만, 몽골에서 거주한다면 교통 체증은 심각하다. 시내에선 겨울에는 1시간 동안 300m도 못 갈 정도로 차가 막히는 예도 있다. 7월엔 방학도 있고 날씨가 좋아 몽골사람들이 지방으로 여행을 가서 시내 교통상황은 좋지만, 7월을 제외하면 거의 1년 내내 교통 체증에 시달린다고 보면 된다.

평범한 11월 저녁 시내 교통 체증

그다음은 날씨다. 몽골은 여름을 제외하곤 생활하기가 그렇게 좋진 않은 편이다. 짧은 봄에는 황사가 심하고 날씨가 변화무쌍하다. 가을 역시 짧아 10월부터 추위가 시작된다. 겨울은 춥고 길다. 그러나 의외로 몽골의 조용한 겨울을 좋아하는 한국사람도 많이 봤으니 이건 개인차가 있을 거 같다.

눈이 소복이 쌓인 얼어붙은 톨강의 고요한 모습

마지막으로 여름을 제외하고 공기가 안 좋은 편이다. 특히 겨울에 바람이 잘 불지 않는 분지 지형인 울란바토르 시내는 매연으로 뒤덮인 날이 많다. 그 외 물류가 좋지 않아 공산품 가격이 비싸고 생활물가는 생각보다 비싼 짐을 들 수 있겠다.

울란바토르 시내 겨울 모습

몽골에서 어떻게 지낼까?

몽골 겨울은 춥고 길다 보니 야외서 할 게 많이 없는 게 사실이다. 몽골사람들은 겨울이 춥다 보니 태국이나 베트남 등 따뜻한 곳으로 여행을 많이 간다. 물론 평상시엔 술을 많이 마신다. 몽골 거주 한국 사람들은 겨울에 실내 테니스장이나 골프장, 수영장을 이용하며 여가를 보낸다. 한국 사람도 술을 많이 마신다. 간혹 일하면서 대학원을 병행하거나 공부하는 경우도 있다.

몽골에는 한국인 교수와 한국 관련 학과도 많이 있어서 몽골어를 못해도 입학이 가능한 학교도 있다. 몽골사람들이 한국에 우호적이라 몽골어를 잘하지 못해도 학교 생활하는 데 크게 어려움이 없을 수도 있다. 또한, 학교마다 다르지만, 장학금을 받을 수도 있어 저렴하게 다닐 수도 있다.

여름엔 몽골사람들은 아르항가이 등 몽골의 여러 곳을 다니며 한 달 정도 지내고 온다. 시내에선 연일 축제와 행사가 열려 시끌벅적하다. 한국인들 역시 지방 여러 곳을 다니며 자연 속에서 지내고 온다. 참고로 한국 사람들이 좋아하는 몽골 여행지는 고비, 홉스골, 아르항가이, 테를지 등이다. 한편, 2024년 몽골 자국민 대상 조사에 의하면 몽골사람들은 아르항가이를 최고의 여행지로 뽑았다. 개인적으론 셀렝게 지역이 좋았다.

느지막한 여름 방문하기 좋은 셀렝게

물이 정말 맑고 투명한 아르항가이

아울러, 몽골 거주 한인들은 러시아와 중국을 제외하곤 몽골에서 제3 국가로 여행하기가 쉽지 않다. 항공권도 비싸고 제3 국가로 가는 직항이 많이 없는 편이다. 러시아는 전쟁 중이라 한국인이 몽골에서 여행 가기가 쉽지 않다. 하지만 중국은 2024년 11월부터 무비자가 시행되었고 최근 2025년 6월에는 코로나 이후 5년 동안 중지되었던 울란바토르-베이징 간 국제 열차가 운행을 재개하였다. 이제는 기존 내몽골[8] 후허하오터 공항 외 베이징으로 기차로도 갈 수 있게 되어 몽골 중국 여행 선택의 폭이 넓어진 거 같다.

내몽골 후허하오터 공항

울란바토르 기차역

8) 외몽골(몽골)과 내몽골(중국)과는 사이가 좋지 않은 편이나 왕래는 많이 하는 편이다. 후어하오터 국제공항은 국내 공항과 별도로 떨어져 있다 보니 비행기 탈 때 주의해야 한다.

이렇게 몽골의 전반적인 사회 모습, 거주 및 생활환경 등을 알아봤다. 그러면 이제 몽골에 취업할 만한 일자리는 있는지, 한국 청년들은 어느 기업에서 무슨 일을 하고 있는지 알아보자. 그전에 몽골에서 취업비자는 발급 가능한지, 몽골 경제는 발전 가능성이 있는지 등 몽골의 취업 환경부터 알아보자.

몽골 최대 기업 중 하나인 타왕보드 그룹 본사

제 2 장

몽골 취업 환경

1. 몽골 노동 정책[9)]

신노동법 제정

몽골은 1925년 노동력 관리 규정이라는 최초의 노동법 관련 규정을 제정한 이래 1999년까지 노동법을 시행해왔다. 사회주의 체제에서 제정한 규정이다 보니 시장 경제 체제로 변화하는 과정에서 맞지 않은 규정도 있고 고용 관계 또한 다양하게 변화하여 2022년 1월 1일부로 신노동법을 제정하였다. 전체 160조 항으로 구성되어있으며 고용주와 근로자의 권리와 의무를 세분화하고 구체화하였다. 주요 변경 사항을 보면 다음과 같다.

노동관계에서 과거에는 근로계약 체결 시 근로관계가 발생하였지만, 신노동법에서는 근로자가 업무를 시작하기만 하면 근로관계가 발생하는 것으로 본다. 그리고 근무일 10일 내 근로계약서를 체결할 의무를 진다. 과거에는 근로자의 겸직 자유가 널리 인정되었지만, 신노동법에서는 고용주가 허가하지 않으면 동일 직종에서 일할 수 없게 개정되었다.

구노동법에 규정이 불명확했던 휴가 시기에 대해 근로계약 체결 후 6개월 이상 근무하면 정기 휴가를 갈 수 명확하게 규정하였고 10일 이상의 아빠 육아 휴가 기간이 신설되었다.

신노동법에서는 근로계약을 체결하면 원칙적으로 무기 계약으로 간주한다. 단 수습, 시용, 계절, 대체, 임시, 시간제의 6가지 계약은 예외로 한다. 계절 근무를 제외한

---

9) 몽골 신노동법

5가지 계약은 그 기간이 2년 이상이면 무기한으로 체결된 것으로 본다.

구노동법에서는 해고된 근로자에게 한 달 또는 그 이상 기간의 평균임금에 상응하는 해고 수당을 지급했지만, 신노동법에서는 근무연한에 따라 기본급에 해당하는 해고 수당을 지급한다.

그 외 노동 관련 주요 내용은 다음과 같다.

근로계약

근로계약 체결 시에는 근로계약서, 일자리 설명서, 내규, 채용에 관한 사장 명령서 등 서류를 반드시 갖춰야 한다. 특히 근로계약서에는 일자리명(업무 내용), 업무 장소, 임금, 노동환경이 반드시 명시적으로 기재되어야 한다.

임금

몽골 최저임금은 2024년 3월 기준 약 26만 원(66만 투그릭)이다(참고로 2025년은 약 32만 원). 근로자 월평균 급여는 약 89만 원(223만 투그릭)이고 대졸 사무직 초임은 약 50~60만 원(130만-150만 투그릭)이다[출처:montsame.mn.2024.3.25].

GS25 편의점 등에서 근무하는 단기 근로자의 급여는 약 48만 원(120만 투그릭)이다. 대체로 숙박, 외식업 등 서비스업에 종사하는 근로자의 급여가 적으며 광산업 종사자는 임금이 약 120만 원(300만 투그릭) 이상으로 높은 편이다. 아울러 UN House 등 일부 공공기관 및 외국계 기업은 약 160만 원(400만 투그릭) 이상으로 임금이 가장 높은 편이다.

[직종별 급여]

구분	월급	비고
전체평균 급여	90만 원	몽골 근로자 평균
외국계	150만 원~300만 원	UN 등 포함
광산업	120만 원~240만 원	
한국진출기업	250만 원	진출기업 평균
대졸 초임	60만 원	
최저임금	26만 원	2024년 기준

자료: 자체 조사, 글래스도어, 몽골사회보험청 2023,
한국진출기업은 일반사무 등 최근 5년 평균

사회보험 및 소득세

몽골은 한국보다 사회보험률이 다소 높은 편이다. 근로자는 급여 중 건강, 연금 및 산재 보험률이 대략 11.5%다. 회사는 대략 12.5%의 사회보험료를 국가에 낸다. 근로소득세는 소득에 따라 다소 차이는 있지만 대략 10% 세율을 부과한다. 한국에서는 최저임금 수준의 월급을 받으면 세금이 거의 없지만 몽골에선 급여가 적은 근로자일수록 세율 부담이 클 수 있다. 사회보험과 소득세 두 개를 합치면 근로자에게 대략 급여의 21% 이상이 부과되는 셈이다. 한국에서 시행하는 연말 정산은 없다.

퇴직금

몽골 노동법이 한국 노동법과 다른 것 중의 하나는 사업주의 퇴직금 지급 의무가 없다는 점이다. 물론 해고 시에는 해고 사유의 경우 근로자에게 30일 전 서면 통지하고 해고할 수 있다. 이때는 근무 연수에 따라 1개월에서 4개월까지 해당하는 해고 수당을 지급해야 한다.

외국인력정책[10)]

2021년 6월 1일 자로 외국인의 법적 지위에 관한 법률이 개정되었다. 크게 변경된 것은 없지만 몽골에서 장기 체류 중인 외국인이 여행 등 목적으로 출국 후에 다시 입국하기 위한 재입국 허가 제도가 폐지되었다. 또한, 여러 국가를 경유하여 입국하는 여행자의 경우 비자 유효기간이 150일로 연장되었고 체류 기간 연장 등을 온라인에서 처리할 수 있게끔 변경되었다.

기타 주요 변경 내용으로는 외국인에게 전자 비자를 부여하고 외국인 강제 퇴거가 면제된다. 1년 이상 거주 비자를 받는 외국인은 업종 등 중요도에 따라 최장 3년까지 비자 발급이 가능하다. 기존에는 최장 1년이었다. 아울러 한국인은 2022년 6월부터 2024년 12월까지 한시적으로 비자를 면제받아 무비자로 입국이 가능했는데 2024년 12월 30일에 2025년 12월 말까지로 연장이 되었다[출처:몽골 이민청].

외국인력 주요 정책으로 알아야 할 사항은 다음과 같다.

몽골 외국인 거주자 현황 및 할당제

몽골에는 2023년 12월 현재 99개 국가 6,482명의 외국인이 취업비자 등을 갖고 있다. 상위 8개 국가를 보면 중국인이 3,191명으로 가장 많고 베트남 453명, 인도 435명, 러시아 360명, 터키 329명, 필리핀 283명, 미국 242명, 한국 234명 순이다.

지역별로 보면 수도인 울란바토르에 2,862명, 광산 지역인 남고비지역에 2,372명, 동부지역에 940명, 중서부지역에 218명, 서쪽 바양울기 지역에 90명 이 거주하고 있

10) 몽골-외국인의 법적 지위에 관한 법률

다. 성별로는 남성이 5,484명, 여성이 998명이다[출처:몽골 노동사 회복지청 매뉴얼 2024]. 참고로 몽골 외국인의 법적 지위에 관한 법에 따르면 모든 외국인은 몽골 총인구의 0.5%를 넘을 수 없고 그중 한 국가의 국민은 0.17%까지 허용한다고 규정하고 있다.

몽골은 외국인 고용세 외에 외국인을 고용하기 위해선 일정 인원 이상의 자국민을 고용 유지해야 한다. 한국도 외국인 근로자를 채용하기 위해 자국민 비율에 따라 책정하는 것과 비슷한 제도다.

정부에서 기업체의 외국인 근로자 수를 현직 직원 수에 따라 정하는 데 직종별로 다르지만 대략 제조업 기준으로 전체 직원의 5% 정도로 외국인 근로자를 고용할 수 있다.

외국인 할당제는 연초에 정하는데 자국의 고용률을 증가시키고 외국인들의 취업을 제한하는 역할을 하고 있다. 하지만 정작 몽골에 필요한 외국인 근로자가 몽골에 오지 못해 몽골 경제 활성화에 방해가 되기도 한다. 또한, 외국인이 설립한 법인에는 반드시 1명 이상의 몽골인을 고용해야 하는 의무도 있다.

몽골에서 일하고자 하는 외국인은 기업체와 근로계약을 체결하고 노동 비자를 노동사회복지부에 신청하면 된다. 그런데 이때 기업체에서는 한국인과 같은 외국인을 고용하려면 해당 연도의 최저임금의 2배를 매월 정부에 내야 한다. 단, 2022년 1월부터 관련 서류 등을 제출하면 50%를 감액받을 수 있고 특정 업무에 종사할 경우 전액 감액받을 수 있다. 2025년 1월 기준으로 약 32만 원(약 78만 투그릭)을 외국인 고용세로 내면 된다. 자국민을 보호하고 외국인 근로자를 줄이기 위한 정책으로 시행하고 있는데 2021년에는 전년도 대비 외국인 근로자 수가 60% 감소했다고 한다.

비자

한국인은 2025년 5월 현재 무사증 비자로 몽골에 관광 목적으로 최대 90일간 비자 없이 지낼 수 있다. 그러나 취업 등의 목적으로 방문할 땐 해당 목적별로 비자를 받아야 한다. 외국인을 위한 몽골 비자는 외국인이 몽골에 체류할 외국인 등록규칙에 나와 있다. 몽골 비자는 클래스별로 A부터 K까지 분류되며 총 62가지의 비자 종류가 있는데 다음은 몽골 주요 비자다[출처: 몽골 외국인 등록규칙].

[몽골 비자 종류]

No.	비자 종류		
1	A1	관용 목적	관용 여권 소지자 및 관용 목적으로 주몽골 공관 목적 방문 외국인
3	A2		외국 및 국제 언론 기관 및 정보기관 직원
5	A3		양국 정부 간, 지방 지자체 기관, 국제기관 방문 목적 외국인
7	B1	투자자	외국인 투자기업의 투자자
9	B2		외국인 투자 기업의 투자자 대표 및 담당자로 임명된 외국인
11	B3		외국 법인의 대표로 취업할 외국인
13	C1	근로자	도로, 대교 및 건설 분야에 취업할 외국인
15	C2		과학, 교육, 정보 기술 분야에 취업할 외국인
17	C3		지질학, 광산, 석유, 에너지 분야에 취업할 외국인
19	C4		재정, 경제, 법률 분야에 취업할 외국인
21	C5		문화 예술, 스포츠 분야에 취업할 외국인
23	C6		생산, 서비스 분야에 취업할 외국인
25	C7		농업, 농장 분야에 취업할 외국인
27	C8		보건 분야에 취업할 외국인
29	C9		인문 분야에 취업할 외국인
31	C10		가족 용도 간병, 서비스 활동을 할 외국인
32	C11		교통 분야 및 수출 용도 화물 운송 외국인
33	E1~E5	유학	초중고 대학 등 교육기관 및 연구기관 외국인
34	F1~F3	가족	몽골인과 혼인 신고, 국적 변경, 출생한 외국인
35	G	이민	이민자

자료: 몽골외국인등록규칙

표에서 보듯이 A 비자는 관용 여권 소지자로 대사관, UN 등 국제기구, 국제 언론기구, 국제기관 등에 근무하는 경우 받을 수 있는 비자다. 몽골 내 한국 공공기관 주재원, 대사관 직원, UN House 등에 채용될 경우 받는다. B는 투자 비자로 투자기업의 투자자 등이 받는다. 외국 법인의 대표로 취업할 경우 받을 수 있다. C는 몽골에서 일할 때 받는 대표적인 취업비자로 직종 등에 따라 C 1부터 11까지 구분한다. 몽골에 있는 한국기업이나 몽골 기업에 취업 시 받는다. D는 외교관 비자로 표에는 나오지 않았다. E는 유학 비자로 초중고 대학교에 유학하거나 연구자를 위한 비자다.

몽골 취업비자의 특징 중 하나는 취업비자 기간이 3개월, 6개월, 1년, 2년, 3년 등으로 다양한 점이다. 대다수 국가의 취업비자가 최소 1년 이상의 기간을 설정하는 것에 비해 몽골은 비자 기간이 3개월부터 짧게 발급이 가능하다. 기업에서는 외국인 채용 시 고용세를 내야 하는데 초기 부담 비용을 최소화하기 위해 이렇게 3개월짜리 단기간 비자를 발급한다. 3개월이 지나면 갱신하는 식으로 운영을 한다고 하는데 취업자 처지에서는 번거롭기만 할 뿐이다.

비자 신청 방법

관광 목적으로 몽골에 오면 6개월 이상 남은 여권만 있으면 항공권을 제외한 별다른 서류 없이 여권 제시만으로 몽골에 90일간 체류할 수 있다. 단 이 제도는 2025년 12월 31일까지 한시적으로 시행되는 것이고 이후 한국인 관광객 유치 성과에 따라 연장 여부를 결정한다.

그 외 비자는 해외 주재 몽골 대사관에 신청해야 하며 몽골 취업 시에는 엔트리 비자를 받고 입국 후 비자를 받은 다음 거주증을 받는다. 투자 비자일 경우 구비 서류는 여권(입국 스탬프 포함), 기업요청서, 사업자등록증, 사진, 거주확인서, 재직증명서 등이고 수수료 낸 확인서도 필요하다. 취업비자의 경우는 회사에서 처리해주기에 별도의 비용이 들어가진 않는다.

한편, 2024년 1월 30일부터 비자 승인이 온라인으로 이루어짐에 따라 전자 비자 허가서를 QR로 내려받을 수 있게 되어 온라인 발급이 가능해졌다[출처:ikon.mn.24.1.26].

비자 유효기간

앞서 언급한 것처럼 취업비자의 경우 3개월에서 3년간 비자가 유효하다. 근로계약서에는 1년 이상 혹은 무기 계약으로 되어있더라도 비자는 6개월로 나올 수도 있고 1년, 2년, 3년으로 나올 수 있다. 6개월짜리 비자가 나오면 갱신하는 데 시간적 금전적으로 번거로운 점이 많아 될 수 있으면 1년 이상의 비자를 받는 게 좋다. 과거에는 1년 이상의 비자를 받기가 어려웠는데 최근에는 외국 투자 유치 활성화 및 우수 인력을 받아들이기 위해 1년 이상의 비자를 발급하고 있다. 특히 최근 IT 직종의 경우는 3년짜리 비자를 발급해주고 있기도 하다.

2. 몽골 경제 정책

경제 정책 및 경제 환경[11)]

비전 2050

몽골은 광업 의존형 경제구조를 탈피하기 위해 산업 다변화 정책을 전개하고 있다. 장기 개발전략인 비전 2050을 통해 경제성장, 경제구조의 다각화, 국민 소득 증진 등을 목표로 하고 있다. 국민 총 GDP가 현재보다 6배 이상 증가하고 1인당 국민소득도 1만 5천 달러 이상을 목표로 한다.

문화강국, 인간개발, 삶의 질 확대, 경제 발전, 바른 정부, 녹색 개발, 안전 사회, 지역 중심 개발, 울란바토르 및 위성도시의 9개의 장기적인 목표를 세우고 앞으로 30년간 시행할 예정이다

제조업 육성

몽골은 제조 산업 육성을 위해 공업화 프로그램 21대 100을 확정하여 추진하고 있다. 21개 아이막 100개 지역에 식품생산 및 가공공장을 설치하는 프로그램이다. 동 프로그램을 통해 6천 명에게 일자리를 제공하고 가공품 수출 비중을 15%로 확대하는 것을 목표로 하고 있다.

---

11) 코트라(2022) 코트라 국가정보-몽골

서비스업 육성

몽골은 중소 제조업과 서비스업 지원법을 제정하여 중소 제조업과 서비스업에 대한 정책지원을 통해 일자리 창출 경제 기여 증대를 목적으로 하고 있다. 각종 자금 지원, 저리 대출, 리스 서비스 지원, 세금 감면 등 지원을 하고 있다[출처: 코트라 몽골 진출 전략].

경제 환경

주요 산업

몽골은 광물자원 기준 세계 10위 자원 부국으로 광산 분야는 호주, 캐나다 등 외국 자본 투자를 기반으로 발전을 추진하고 있다. 석탄 구리 철광석 금의 4대 광물 수출량에 따라 몽골 경제가 좌우되고 있다. 이중 석탄은 최대 수출 광물로 약 40%를 차지하고 있으나 2022년 12월 중국과의 석탄 수출 관련 비리 사건으로 대규모의 공무원 등이 문책을 당하고 시민들의 큰 시위가 일어나기도 했다.

건설업 관련해선 울란바토르 인구 집중화에 따라 공공시설 확대가 필요하고 열악한 도로 인프라 개선 사업을 추진하고 있다. 정부의 건설업 부양책으로 3년 연속 5% 이상의 성장률을 기록하고 있다. 이중 학교 등 교육 및 병원 시설 건설에 상당 부분 지출을 하고 있다[출처: 몽골통계청 최근 5년간 몽골 건설업 현황].

제조업이 몽골 GDP의 10% 수준으로 미약하고 생활 소비재의 80% 이상을 수입하는 몽골의 처지에서 유통산업은 최근 5년간 지속적인 성장세를 이어가고 있다. 한국 같은 외국계 유통 브랜드가 활발하게 몽골에 진출하고 있으며 투자를 확대하는 추세다.

의약품 관련해선 몽골이 암 발생률 등 질병 발생률이 높은데 자국 내 의약품이 부족하여 전체 의약품의 80% 이상을 수입하고 있다. 한국 의약품은 몽골 내 수입 점유율 기준 4위로 한국 의약품 점유율이 높은 상황이다. 화장품 역시 몽골 국민 소득이 증가하고 특히 몽골 여성의 미용에 관한 관심이 증가하고 한류 영향력 확대로 몽골 화장품 수입액 기준 한국화장품이 2020년 기준 1위를 차지하기도 했다[출처:코트라 몽골 진출 전략].

한국과의 경제 교류

몽골은 내륙국가의 한계를 극복하기 위해 미국 일본 등 제3 국가와의 교류를 확대하고 있다. 한국은 2020년에는 교역국 순위가 5위였으나 코로나 이후 활발한 교류를 통해 최근 2년간 제4위 자리를 유지하고 있다. 몽골은 일본과는 2015년에 최초로 FTA를 체결하였고 이제 한국과 한·몽 경제동반자협정(EPA)체결을 희망하고 있다.

한국의 대몽골 수출이 확대되면서 한국의 병원, 한국 프랜차이즈 및 유통업, 식료품, 화장품 등이 계속 증가하고 있다. 몽골은 자원이 풍부하고 국토가 광활하나 인구 3백여만 명의 작은 시장으로 국내 대기업들이 진출하기보단 오히려 한국의 중소기업이 진출하기에 적합한 곳이기도 하다. 한편 몽골은 해상 교통이 없어 내륙 교통 운송의 한계를 보완하고자 철도 인프라 개발 계획을 추진하고 있는데 한국 국가철도공단과 긴밀히 협력을 하고 있다.

한국과 몽골 간 교역 규모는 2012년 4억 8천만 달러의 교역액으로 최고를 기록했으나 그 이후 상승과 하락을 반복하다 2022년에는 2012년 최고점 근처인 4억 6천 5백만 달러까지 이르렀다.

[최근 5년간 한몽 교역 현황]

(단위 : 백만 달러)

수출		수입		수지	교역	
금액	증감률	금액	증감률			
2018년	308	34.7	27	90.1	281	335
2019년	291	-5.4	33	21.2	258	324
2020년	271	-6.8	21	-37.0	251	292
2021년	385	41.9	25	21.5	360	410
2022년	426	10.8	38	53.3	388	465

자료: 한국무역협회

2022년 기준 몽골 주요 국가별 수출입 현황을 보면 수입 순위는 1위 중국, 2위 러시아, 3위 일본, 4위 한국 순이며, 수출 순위는 중국, 스위스, 싱가포르에 이은 4위다 [출처:몽골관세청].

[2022년 몽골 주요 국가별 수출입 현황]

(단위 : 백만 달러)

순위	국가명	수출액	국가명	수입액	비고
1	중국	10,565	중국	3,042	
2	스위스	1,030	러시아	2,611	
3	싱가포르	346	일본	674	
4	한국	277	한국	424	전년 동일
5	러시아	91.6	미국	266	
6	이탈리아	88.0	독일	182	
7	독일	26.0	프랑스	150	
8	일본	15	터키	108	
9	홍콩	12	핀란드	17	
10	영국	12	베트남	6	

자료: 몽골관세청

한국의 대몽 주요 수출품은 연초류, 화장품, 화물자동차, 의약품 등 순으로 많으며 주류, 액세서리, 음료, 화장품 순으로 증가율이 높다. 반면 몽골은 한국에 광물, 의류, 양모 등을 수출하였으며 이중 광물이 가장 큰 비중을 차지한다.

[대몽골 주요 수출 품목 현황]

(단위: 천 달러, %)

	출품목	2021년			2022년		
		금액	증감률	비중	금액	증감률	비중
1	연초류	31,230	12.4	8.1	36,953.3	18.3	8.7
2	화장품	22,582.3	34.6	5.9	31,542.4	39.7	7.4
3	화물자동차	28,104.6	29.8	7.3	23,161.7	-17.6	5.4
4	의약품	21,176.3	40.3	5.5	21,365.3	0.9	5.0
5	건설중장비	26,645.8	79.4	6.9	14,872.3	-44.2	3.5
6	승용차	15,060.9	71.2	3.9	14,780	-1.9	3.5
7	윤활유	16,601.8	38.0	4.3	14,072	-15.2	3.3
8	음료	8,536.5	19.9	2.2	14,066.2	64.8	3.3
9	액세서리	6,138.4	335.3	1.6	11,299.5	84.1	2.6
10	주류	4,049.6	225.5	1.05	10,652.3	163.0	2.5
	합계	384,715.2	41.9	100.0	426,376	10.8	100.0

자료: 한국무역협회

3. 인력수요 조사

국내기업 진출 현황 및 현지 기업

국내기업 진출 현황

1990년 3월 몽골과 수교 이래 1994년부터 직접적인 투자가 시작되었다. 2004년부터 투자액이 급증하여 2008년에는 6천만 달러를 넘어서기도 했지만 최근 2022년에는 1,888만 달러로 감소했다.

2008년에 가장 많은 법인이 설립된 이후 한국기업의 신규 법인 설립은 코로나 시기 전까지 줄어들고 있었다. 최근 통계가 나오진 않은 상태지만 코로나 이후부터는 맘스터치, 새마을 식당 등 한국기업의 몽골 진출이 점차 증가하고 있기도 하다.

[몽골 한국기업 신규 법인 수]

연도	2008	2015	2016	2017	2018	2019	2020이후
신규	79	31	16	33	25	11	미정

자료: 한국수출입은행

한국진출 기업

코트라 해외 진출 한국기업 디렉터리에 따르면 몽골은 2022년 기준 43개의 한국기업이 몽골에 진출해 있다. 물론 코트라에서 조사한 것 이상의 기업이 진출해 있을 수 있고 GS25나 CU 같은 편의점 등은 현지 업체와 합작 형태로 만들어져 별도 기업으로 구분했다.

[몽골 한국 진출기업]

기업명(국문)	진출 형태	업종 대분류
(유) 몽골남신	서비스법인	임대 서비스업
(유) 일성개발	해외지사	건설업
(주) 아이티 파트너스	서비스법인	도매 및 소매업
KCH 몽골지사	해외지사	광업
KPMG 몽골	해외지사	금융 및 보험업
글로벌 인프라테크	해외지사	도매 및 소매업
금오 엔지니어링	판매법인	건설업
대한항공 몽골지사	해외지사	운수 및 창고업
디지털컨셉	연락사무소	도매 및 소매업
라이노스투자증권	해외지사	금융 및 보험업
롯데리아 몽골	해외지사	숙박 및 음식점업
몽삼흥유한회사	해외지사	농업, 임업 및 어업
법무법인 엘비 파트너스	서비스법인	서비스업
빛나는 우주 만화	서비스법인	정보통신업
상미케미칼	판매법인	도소매업
세라젬	판매법인	도소매업
센트럴 익스프레스	판매법인	도소매업
시그마몽골리아	판매법인	임대 서비스업
아시아나항공	해외지사	운수 및 창고업
에어부산 울란바타르	해외지사	운수 및 창고업
에이치오알 이엔씨	판매법인	건설업
엔젝타몽골리아	판매법인	도매 및 소매업
엘와이메디투어	서비스법인	도매 및 소매업
영진지엘에스	연락사무소	운수 및 창고업
오스템 몽골	판매법인	전문 기술 서비스업
워크라인	연락사무소	
월드존 인터내셔널	판매법인	부동산업

기업명(국문)	진출 형태	업종 대분류
이브이링크	해외지사	전문, 기술 서비스업
잠언 코리아	서비스법인	농업, 임업 및 어업
케이와이엘 로지스틱스	해외지사	운수 및 창고업
코몽스카이	서비스법인	전문 기술 서비스업
콘트라인	서비스법인	운수 및 창고업
프라임 시티플렉스	해외지사	여가관련 서비스업
한국관광공사 울란바토르지사	해외지사	여가관련 서비스업
한국광해광업공단 몽골사무소	서비스법인	광업
한국지역난방기술 몽골대표사무소	서비스법인	전기, 가스 공급업
한마음컨설팅	서비스법인	전문 기술 서비스업
호스닥터	생산법인	.

자료:코트라 디렉토리

대표적인 현지 한국 진출기업

몽골에 대표적인 진출기업으로는 CU, GS25 편의점, 이마트, 탐앤탐스, 카페베네, 뚜레쥬르, 롯데리아, 맘스터치 등 한국 편의점, 프랜차이즈점과 오스템 등 의료기기, 대한항공, 아시아나 등 항공, KGB 택배 등 물류가 있다.

[CU]

기업명	Central Express CVS
주소	13Khoroo, Natur 12F, UB
전화	976-7733-0101
매장수	2018.8 샹그릴라에 1호개장/2023.12현재 365개로 확장
특징	몽골 Premium 그룹이 자회사 CVS를 통해 2018년 CU를 마스터프랜차이즈권으로 운영

[GS25]

기업명	Digital Concept
주소	KB Tower, 6F, UB
전화	976-9090-9060
매장	2021.5 울란바토르에 1호개장/2024.1.8. 현재 273개로 확장
특징	몽골 대기업인 숀콜라이 그룹과 합작

[뚜레쥬르]

기업명	Monbakery.llc
주소	7th Khoroo, UB
전화	976-7575-7510
매장	2016.10 울란바토르에 1호개장/2024.1.8. 현재 10여개로 확장
특징	몽골 몽베이커리와 마스터 프랜차이즈 계약, 연평균 35% 이상의 매출 성장

[이마트]

기업명	Emart.llc
주소	13th Khoroo, UB
전화	976-7575-7510
매장	2016.7 칭기스호텔옆에 1호개장/024.1.8. 현재 4개로 확장
특징	몽골 현지 유통기업인 알타이그룹과 협약-로얄티지급 방식 울란바토르 부동산 가격을 좌우할 정도로 상당한 영향

오스템 몽골

기업명	Osstem mongol.llc
주소	6th Khoroo, UB
전화	976-7016-1599
매장	2015.8 울란바토르에 진출, 오스템 치과병원 운영
특징	치과 관련 장비, 임플란트

[자료:자체조사]

현지 기업 및 기타

현지 100대 기업

몽골에는 2023년 12월 기준 77,690개의 기업이 있는데 그중 근로자 50인 이상의 기업은 2,448개다[몽골 사업자 단체]. 이들 기업 대상으로 몽골 정부는 몽골 상공회의소와 공동으로 매년 100대 기업을 선정해 오고 있다.

2022년 최근 기준으로 보면 상위 100대 기업에는 유통서비스업이 35개, 광산업이 15개, 식품제조업이 10개, 금융업 7개, 석유 유통업 6개, 정보통신업 5개 등이 있다. 한국과는 달리 몽골은 유한책임회사(LLC)가 압도적으로 많고 100대 기업 중에도 91개나 된다. 그 외 주식회사는 9개다. 참고로 2022년 최근 조사에서는 몽골 최대 국영기업인 Erdenet Mining(광산-구리), 울란바토르 철도, The State Bank, 타반톨고이(광산-석단), Miat(항공) 등 국영기업은 100대 기업에서 제외가 되었다.

[2022년 몽골 상위 100대 기업]

순위	기업명	매출액 순위	납세액 순위	고용자수 순위	순이익 순위	자산 순위
1	Oyu Tolgoi LLC	1	1	1	100	1
2	Khan bank	3	2	4	7	2
3	Energy resources LLC	2	4	5	96	7
4	Golomt Bank	6	3	12	10	3
5	NIC LLC	5	7	13	40	4
6	Trade and Development Bank	7	5	20	15	5
7	APU JSC	9	6	27	6	9
8	Shunkhlai LLC	10	8	84	54	89
9	Mobicom Corporation LLC	8	9	9	14	10
10	MAK LLC	19	12	6	5	6

순위	기업명	매출액 순위	납세액 순위	고용자수 순위	순이익 순위	자산 순위
11	Central Express CVS LLC	16	14	11	87	8
12	MoEnco LLC	11	20	39	22	11
13	Khas bank	12	19	10	19	13
14	Unitel	24	17	8	16	29
15	C O A L LLC	22	18	14	17	33
16	M C S Coca Cola LLC	20	15	26	28	14
17	Bodi International LLC	13	16	21	11	16
18	Sod Mongol Group LLC	17	31	7	36	12
19	Boldtumur Yruuu Gol LLC	18	13	16	18	24
20	Shunkhlai Trading LLC	15	21	44	33	17
21	Gobi JSC	21	23	17	38	18
22	Tsairt Mineral LLC	38	10	66	6	26
23	Sky Hypermarket LLC	40	19	32	22	32
24	Eco Global logistic LLC	29	42	40	24	30
25	Maks Group	64	39	15	88	36
26	Ulaanbaatar Management LLC	34	33	22	20	27
27	Barlo World Mongolia LLC	30	24	46	22	31
28	Lex oil LLC	41	25	38	21	28
29	Altan Joloo Group	45	59	18	71	56
30	Shin Shin LLC	37	36	28	70	50
31	Boroo Gold LLC	26	54	72	6	43
32	Nomin Tav Trade LLC	67	35	13	55	20
33	Thiess Mongolia LLC	36	23	65	12	17
34	MSM Group LLC	31	22	35	27	40
35	Jur Ur LLC	66	60	25	49	59
36	Teso Food LLC	44	56	33	61	39
37	Redpath Mongolia LLC	22	26	22	43	65
38	APU Trading LLC	23	75	51	75	70
39	KhurenTolgoi Coal Mining LLC	48	73	87	7	35
40	Univision LLC	52	43	39	21	33
41	ITC&RT LLC	41	29	81	41	45
42	Tsoil LLC	13	64	74	60	19

순위	기업명	매출액 순위	납세액 순위	고용자수 순위	순이익 순위	자산 순위
43	Khishig Arvin Industrial LLC	20	61	45	48	38
44	Tes Petroleum LLC	23	52	50	51	46
45	MAK cement LLC	57	51	36	47	34
46	Altangadas Trade LLC	46	11	91	39	47
47	Digital concept LLC	39	61	95	53	48
48	Minesp LLC (Monnis group)	49	66	55	73	42
49	Achit Ikht LLC	46	35	73	29	41
50	Petrostar LLC	32	65	55	78	51
51	Total Distribution LLC	28	71	65	33	52
52	Capitron Bank	81	30	49	27	28
53	SBB Trade LLC	21	80	24	74	63
54	Magnai Trade LLC	35	29	53	41	48
55	Transwest Mongolia LLC	48	27	81	26	71
56	Monpolymet Group	56	61	32	98	14
57	Talkh Chikher LLC	87	60	48	56	39
58	Nomin Hypermarket LLC	25	5	33	69	60
59	SBB Trade LLC	78	73	22	44	59
60	Support Service Mongolia LLC	90	16	25	67	92
61	Tavanbogd Foods LLC	89	63	20	50	53
62	Burdel Mining LLC	91	98	20	49	20
63	MCS International LLC	75	58	25	44	66
64	Shunkhlai Govi LLC	25	32	94	51	69
65	Voltarm LLC	42	56	38	55	86
66	Toyota Sales Mongolia LLC	23	32	47	31	61
67	Zuunnaiuman Oil LLC	27	77	96	37	50
68	Bayan-Airag Exploration	66	55	23	75	68
69	Tavanbogd International LLC	71	48	46	58	77
70	IT GVC LLC	61	30	45	93	16
71	Uniservice Solution LLC	99	21	23	63	54
72	Worley Engineering LLC	72	36	36	60	70
73	MCS Property LLC	74	57	64	19	34
74	Skytel LLC	92	68	34	68	31

순위	기업명	매출액 순위	납세액 순위	고용자수 순위	순이익 순위	자산 순위
75	Minii Delguur LLC	79	83	38	84	91
76	Usukh Zoos LLC	54	41	19	20	83
77	GCR Mongolia LLC	62	57	36	66	73
78	Monos Pharma Trade LLC	51	44	85	64	67
79	Monos Ulaanbaatar LLC	85	92	64	36	47
80	G Mobile LLC	98	87	30	80	30
81	Oin Birj LLC	44	39	47	43	79
82	Suu JSC	86	70	48	55	58
83	Tavan Bogd Foods Pizza LLC	97	74	47	70	43
84	Shunkhlai Petroleum LLC	40	99	60	62	65
85	Asia Pharma LLC	82	60	55	66	72
86	Nomin Business Club LLC	22	80	49	59	56
87	Germ-International LLC	88	31	78	72	55
88	Trans Bank	83	47	65	64	45
89	International Medical Center LLC	88	40	43	38	74
90	Bayalag Energy Resource LLC	84	78	41	36	85
91	Altaizam LLC	76	84	66	27	26
92	Airg Bank	47	100	86	50	35
93	Tavnogbod LLC	93	60	90	34	50
94	Monsul LLC	66	51	83	66	40
95	Monnidier LLC	50	100	84	44	86
96	Altan Taria LLC	91	52	52	90	46
97	V International LLC	88	94	60	81	91
98	Building Maintenance Services	93	60	60	70	88
99	Khan Bogd Cashmere	94	49	73	66	85
100	PetroKhan LLC	55	49	99	76	93

[자료 : 몽골 상공회의소]

100대 기업으로 선정된 기업에는 대기업 계열사나 자회사가 상당수 포함되어 있다. 여기서 관심을 가질 대기업은 유니텔 통신, 샹그릴라 및 MCS Property를 소유한

MCS 그룹과 몽골 최대 음식품회사 APU를 보유하고 GS25 합작회사인 숀콜라이 그룹, 그리고 몽골 최대 은행인 한뱅크와 명품 캐시미어 고비 등을 보유한 타왕복드 그룹이다. 물론 그룹 대기업은 아니지만 100대 기업 1위를 차지한 리오틴토와 합작한 오유톨고이 광산회사도 관심을 가질 대기업이다.

100대 기업 중 주목할 만한 것은 유통서비스업의 약진이다. 전년 대비 20%가 증가하여 몽골 경제가 이제 광공업 분야에서 벗어나 다른 산업 분야로 다각화되는 모습을 볼 수 있다. 이중 한국과 협력하고 있는 회사들이 몽골 유통기업 상위권을 차지하고 있다. 특히 고용시장에 있어 광산업이 고용자 수에서 8%만 차지한 데 비해 유통서비스업은 30% 넘게 차지하고 있어 몽골 경제와 고용시장 안정화에 크게 이바지하고 있다.

[유통서비스업 10대 기업 중 일부]

순위	기업	비고
1	Central Express CVS	CU
2	MCS Coca Cola LLC	
3	Sky Hypermarket LLC	이마트
7	Digital Concept LLC	GS25
8	Nomin Hypermarket LLC	

자료: 몽골상공회의소

먼저 몽골 내 편의점 최대 매장을 보유하고 있는 CU와 협력하는 Central Express CVS가 유통기업 1위다. 이마트와 협력 중인 Sky Hypermarket이 3위, GS25와 협력하는 Digital Concept이 7위를 차지하고 있다. CU와 이마트뿐 아니라 몽골 진출 5년도 안 된 GS25가 몽골 최대 마트인 노민을 앞지른 것에 의미가 있어 보인다.

국제기구 등 기타 기관

몽골에는 UN House, IOM(국제이주기구) 등 국제기구가 있다. UN House는 UNICEF, 유엔인구기금, UNV 같은 유엔 산하기관도 같이 있다. IOM(국제이주기구)은 한국의 비자센터를 위탁 운영하기도 한다. 비자센터에는 한국인 1명과 몽골인 30여 명의 직원이 근무하고 있다. 또한, 몽골에는 몽골국립대(아시아학부 내 한국어학과)를 비롯하여 국립외국어대, 국제울란바타르대, 어르헝대, 교육대, 한몽기술대, 과학기술대, 다르항대, 이흐자삭대, 에르뎀대, 항가이대에 한국어과가 있다. 이 외 몽골국립대, 국제울란바타르대, 후레정보통신대, 다르항 국립생명대 등 4개 기관에는 세종학당이 설치되어 있기도 하다[출처:국제울란바타르대, 주몽골대한민국대사관].

몽골에서 코이카는 다른 한국 공공기관보다 규모나 차지하는 비중이 크다. 몽골에 대한 지원 금액이 지난 30년간 약 2억 8천만 달러에 이를 정도로 큰 편인데 2022년에는 약 1,880만 불이었다.

매년 10여 명 이상의 봉사단원을 선발하여 6개월에서 최대 2년간 봉사단으로 몽골에 온다. 아울러, 몽골 13개 NGO 기관을 지원하여 26명의 단원이 몽골에서 활동하고 있고 12명의 현장 파견형 봉사도 지원하고 있다. 코로나 전만 해도 봉사단원이 100명 넘게 활동한 것에 비하면 많이 줄어든 모습이다[출처:코이카].

몽골 부족 및 유망 직군

2025년까지 노동시장 수요를 2023년 몽골 교육부에서 조사한 바에 따르면 고도의 기술을 필요로 하는 메카트로닉스, 인공지능, IT 등 전문 직종의 경우 2024년엔 103,000개의 일자리가 필요한데 현재 83,000개만 충족하고 있어 20,000개가 부족하며 2025년엔 108,000개의 일자리 중 90,000개만 충족하고 있어 18,000개는 부족할 거라 예측하고 있다. 또한, 몽골 노동시장에서 과도하게 많은 직종으론 변호사, 회계사, 경제학자 및 금융직을 꼽았고 유망직종으론 메카트로닉스, 세일즈, HR, 용접, 치과의사, 간호사, 인공지능, IT, 고급요리사 직종을 선정했다[출처: 몽골 사업자단체 2024].

4. 한국인 거주자, 취업자 현황

몽골 한국인 거주자 현황

앞서 언급한 것처럼 몽골 거주 한인은 2017년에는 2,710명이 몽골에 거주하였지만 코로나 시기에 많은 한인이 한국으로 돌아가면서 2021년에는 1,545명으로 줄어들었다. 이때 1,545여 명의 한인 거주 형태는 영주권자가 20명, 그 외 일반 체류자가 1,525명이었다[재외동포-KOSIS 국가통계 포털]. 그러나 2023년 12월 현재 취업비자를 소지한 한국인은 234명뿐이다[출처:몽골노동사회복지청 매뉴얼 2024].

정확한 통계는 나오지 않지만 대체로 한인들은 몽골에서 유학생을 제외하곤 교육, 선교, 봉사, 요식업, 여행사 등에 많이 종사하고 그 밖에 자영업, 한국 관련 공공기관, 일반 회사 등에 근무하고 있다. 몽골에는 한국인이 설립한 학교가 국제울란바타르대학, 후레대학, 몽골국제대학 등 4개교가 있고 울란바토르 세종학당 등 4개의 세종학당이 있는데 이곳에 다수의 한국인 교수, 강사, 직원이 있다. 또한, 대부분 한인 학교들이 미션스쿨인데 선교 목적으로 몽골에 와서 체류하고 있는 예도 있다. 또한, 코트라 봉사단원이나 지구촌사랑나눔 등 봉사 기관으로 파견해 와서 1~2년 단기 거주하거나 기타 봉사단체에 근무하는 한인도 많이 있는 편이다.

코로나 전만 해도 울란바토르에는 100여 개의 한식당이 있다고 알려졌지만, 코로나를 거치면서 줄어들다 2023년부터 다시 새로운 식당들이 들어서는 중이다. 한국인이 운영하는 식당도 있지만, 대다수는 몽골인이 운영하는 한국 식당이 더 많다. 또한,

한국인이 식당 주인이어도 직원들은 거의 몽골인이다.

여행사 역시 코로나 전만 해도 한국인이 운영하는 여행사가 많았지만, 코로나를 거치며 많은 한인여행사가 문을 닫았다. 다행히 2023~2025년 몽골 방문의 해를 맞아 관광이 활성화되고 있어 적지 않은 한인들이 여행사로 다시 복귀하고 있다. 교수, 선교사 등은 장년층이 많고 코이카 봉사단원 등 봉사자, 취업자, 인턴의 경우는 청년층이 많다.

한국 청년 취업자 현황

앞서 언급했듯이 몽골에는 중장년층이 대학교 교수, 선교사 등으로 많이 진출한 상황이다. 하지만 교수와 선교사는 중장년층이라 취업자 현황에서는 제외하였다. 또한, 많은 수의 봉사단원이 몽골에 와서 봉사하는데 봉사 기간이 짧고(3개월에서 1년, 단, 1년 연장 가능) 파견 형태로 오는 경우가 많아서 취업자 현황에서는 제외하였다.

2018년부터 2023년까지 최근 6년간 월드잡플러스 및 자체 조사한 사항을 바탕으로 취업 현황을 보면 총 18명이 몽골에 진출했다. 2020년과 2021년은 코로나 시기로 취업자가 거의 없던 상황이었고 월드잡플러스는 만 34세 이하 청년의 경우만 집계가 되고 인턴 등 취업비자가 아닐 경우 취업자 현황에서 제외되므로 이보다는 많이 진출했으리라 생각된다. 참고로 월드잡플러스 취업 인정 기준(2024년)은 연봉 1,900만원 이상, 정식 취업비자, 1년 이상 근로계약 등의 조건이 있다.

[연도별 취업자]

구분(연도)	취업 인원(명)	취업 직종
2018	2	학교, 공공행정
2019	2	무역사무, 경영기획
2020	2	공공행정, 교사
2021	2	공공행정
2022	7	경영지원, 공공행정, 교사
2023	3	교사, 공공행정

자료: 월드잡플러스, 자체 조사

몽골 취업자 18명을 직종별로 살펴보면 공공행정(공공기관) 분야가 제일 많고 그 다음이 교사(교육기관), 경영지원(일반 기업) 순이다.

공공행정은 몽골 UN House에서 근무하거나 대사관과 코이카, 코피아 등 한국 공공기관에서 근무하는 분야다. 몽골 UN House는 몽골인들이 가장 가고 싶어 하는 국제기도이기도 하고 한국인들이 근무하기에도 급여 및 복지가 괜찮다. 몽골은 UN House 내에 유니세프, 유엔인구기금 같은 UN 산하기관이 같이 있는데 한국인도 2023년 기준 이곳에 4명이 근무를 하였다.

대사관에서 근무하는 현지 채용 행정원의 경우 근무 여건이나 급여가 다른 기관에 비해 좋아 한번 채용되면 오래 근무하는 경향이 있다. 코이카 일반 봉사단원의 경우는 봉사의 개념이 있어 취업자로 보기는 어렵고 이들을 관리하는 코디네이터 등은 취업자로 보고 있는데 대부분 1년 혹은 2년 근무 후 한국으로 돌아간다. 그 밖에 몽골 한국 공공기관에 현지 채용되어 근무하는 한국인도 대체로 1년 혹은 2년 근무 후 한국으로 돌아간다. 몽골 코이카 등 한국 공공기관에서 현지 채용되어 근무하는 경우는 한국에서 파견되어 일하는 경우가 대부분이다.

교사는 몽골 외국인학교(국제학교), 몽골 현지 대학교, 세종학당 등 교육기관에서 근무하고 있다. 몽골에는 울란바토르 국제학교(ISU), 미국학교(ASU), 영국학교(BSU) 등 다양한 외국인학교가 있고 이들 학교에 영어, 음악, 미술 등 다양한 교과목의 교사가 필요하다 보니 일자리가 몽골인뿐 아니라 외국인에게도 개방되어 있다. 또한, 울란바토르에는 40여 개의 대학과 4개의 한국인이 설립한 대학과 4개의 세종학당이 있어 이들 대학교나 세종학당에서 근무하고 있다.

일반사무는 현지 진출한 한국기업이나 현지 한인 기업에서 경영사무, 영업 등에 종사하고 있다. 한편 몽골에 많이 있는 GS25, 이마트, CU 등은 현지 합작 법인 형태로 이들 기업에는 한국에서 파견한 직원은 있지만, 현지에서 한국인을 채용한 적은 아직까지는 없다. 하지만 최근 IT, 영업 관리, 마케팅관리 직종 등에선 현지에서 최종 면접까지 본 한국인 지원자들도 있었다. 또한, 몇몇 기업에서는 현지에서 채용하더라도 한국 본사와 채용 계약을 하고 파견 형태로 운영하기도 한다.

몽골 최고의 중심지 샹그릴라 콤플렉스로 호텔, 쇼핑몰이 함께 있다. MCS 그룹, 오유톨고이 본사, 영국 대사관 등이 있다.

제 3 장

몽골 취업 방법

1. 설문조사 및 인터뷰 개요

앞서 언급했다시피, 한국은 몽골 국민이 외국에서 가장 많이 거주하고 있는 국가다. 또한, 몽골에는 이마트뿐 아니라 CU, GS25 편의점만 6백 개가 넘는 등 수많은 한국기업이 있어 양국의 활발한 교류를 보여주고 있다. 그러나 현재까지 몽골에 취업한 한국 청년은 많이 없는 실정이다. 몽골에서의 급여가 한국보다 낮고 아직 까지는 몽골이라는 국가에 대한 인식이 부족해서일 수도 있다. 그렇지만 몽골은 한국보다 물가 수준이 낮고 거주비가 저렴하고 비자 발급도 선진국처럼 까다롭지 않다. 한편, 몽골은 세계 10대 자원 부국이고 대외 투자 등을 촉진하고 있어 한국기업의 몽골로의 진출 여건도 많이 좋아졌다. 아울러, 몽골은 2023년 이래 6% 이상의 경제성장을 하고 있는데 앞으로도 몇 년간 몽골 경제의 호황을 전망하기도 한다.

이렇게 몽골 경제가 회복하고, 한국기업 진출이 활성화되는 지금, 몽골로의 한국 청년 진출 전략을 모색할 필요성이 요구된다. 하지만, 해외 취업 활성화 지원을 위한 취업자 특성 분석(민병휘 2019) 중 718명에 대한 해외 취업 설문조사에 의하면 해외 취업 희망국가는 일본(190명), 미국, 동남아, 유럽, 캐나다, 호주, 중국, 중동, 남미, 아프리카(3명) 순으로 나타났다. 그 외 다양한 해외 취업 관련 설문조사에서 청년들이 원하는 취업 희망 국가에 몽골은 언급되지 못하고 있다. 아울러 해외 진출 플랫폼인 월드잡플러스에 게시되어있는 해외 취업 완전 정복 책자나 청년 해외 진출의 모든 것 -관심 있는 주요 국가 25개 국가-에도 몽골은 포함되어 있지 않고 있다.

이렇듯 아직까진 해외 취업 지로 몽골은 구직자 관심 밖에 있다. 이렇게 몽골 취업에 관심 있는 구직자가 많이 없는 상황 속에서 몽골 취업 의향 등에 대한 설문조사를 하였다. 아울러 몽골 일자리 등을 알아보고자 몽골 현지 취업자 및 몽골 기업 대표 등을 대상으로 심층 인터뷰를 병행하여 진행하였다.

설문조사는 온·오프라인으로 진행하였다. 하지만 한국에서 온라인 설문조사에 응한 응답자는 거의 없었다. 그 결과 설문조사는 유학생 등 몽골에서 공부하고 있거나 장·단기 교환학생, 현지에서 인턴 경험을 가진 청년, 구직자 등을 대상으로 현지에서 설문하고 50명의 유효 응답을 얻었다. 아울러 몽골의 다양한 기업에서 근무하고 있는 취업자와 몽골 100대 기업 중 일부 기업의 대표 등을 대상으로 질문지를 바탕으로 심층 인터뷰를 진행하였다.

설문지 질문지 내용

구직자에 대한 설문 분야는 먼저 인적 사항을 파악하고 몽골로 취업을 원하는지를 파악하였다. 몽골로 취업을 원할 경우 취업하려는 이유, 취업 희망 직종, 희망 급여, 희망 체류 기간, 취업 정보를 얻는 경로, 취업 시 고려하는 사항과 애로 사항으로 구성하였다. 또한, 몽골로 취업을 원하지 않을 경우 그 이유와 좋은 일자리가 있을 경우 취업 의향을 묻는 것으로 구성하였다.

[구직자 대상 설문지 내용]

분야	설문 목적	설문 내용
인적 사항	일반사항 파악	성별, 연령, 학력, 전공, 해외 경험
의향 조사	취업 목적	몽골 취업 의향 파악
취업 이유	동기 파악	몽골로 취업하려는 이유
희망 직종	유망직종 도출	몽골 취업 시 희망 직종
희망 급여	유망직종 도출	몽골 취업 시 희망 급여
체류 기간	활성화 방안 도출	몽골 취업 후 체류 기간
정보 경로	활성화 방안 도출	몽골 취업 정보 경로 파악
고려 사항	활성화 방안 도출	몽골 취업 시 고려 사항
애로 사항	문제점 파악	몽골 취업 시 장애 사항
기타	전략 방안 도출	몽골 취업 고려하지 않는 이유
기타	전략 방안 도출	좋은 일자리 있을 경우 취업 의향

그리고 취업자 대상 인터뷰 질문지는 인적 사항, 몽골 취업 동기와 경로, 잡 포지션 및 해당 직무 자격요건, 재직 회사의 급여 및 복지, 몽골 취업 시 장애 요인, 근무 시 애로 사항, 몽골 생활환경 장단점, 몽골 취업 추천 여부, 경력 관리, 기타 사항으로 구성하였다.

[취업자 질문지]

분야	질문 목적	질문 내용
인적 사항	전공 등 파악	성별, 연령, 학력, 전공
취업경로	진출 방법 도출	취업 동기 및 취업경로
자격요건	유망직종 도출	자격요건, 근무 여건
급여	유망직종 도출	급여, 복지, 휴가
장애 요인	문제점 파악	몽골 취업 시 장애 요인
애로 사항	문제점 파악	몽골 근무 시 애로 사항
생활환경	문제점 파악	주거, 교통 등 생활환경

분야	질문 목적	질문 내용
추천 여부	진출 방법 도출	몽골 취업 추천 여부
경력 관리	진출 방법 도출	몽골 취업 후 향후 계획
기타	진출 방법 도출	해외 취업 관련 바라는 점 등

기업인 대상으로는 기업 일반사항, 일자리 여부, 구인 방법, 한국인 채용 의향, 급여 및 복지, 채용 시 장애 요인, 기타 사항으로 구성하였다. 다만, 인터뷰에 따라 질문 내용은 다소 조정되었다.

[기업인 대상 질문지]

분야	질문 목적	질문 내용
일반사항	유망직종 도출	업종, 규모, 인력
일자리	유망직종 도출	일자리, 직종, 인원, 자격요건
채용 방법	진출 방법 도출	채용 방법, 지인 소개
채용 의향	진출 방법 도출	한국인 채용 의향, 직종
급여	진출 방법 도출	급여, 복지, 휴가
장애 요인	문제점 파악	채용 시 장애 요인
기타	진출 방법 도출	필수요건 등 기타

2. 구직자 대상 설문조사

몽골로 취업하려는 구직자 및 현지 유학생, 교환학생, 현지 기업 인턴 등을 대상으로 몽골에서 직접 설문조사를 한 결과는 다음과 같다(총 50명 유효 응답).

일반사항 파악

50명의 응답자 성별은 여성이 72%, 남성이 28%로 여성의 비율이 훨씬 높았다. 응답자의 다수인 유학생과 교환학생 중 여성의 비율이 높다 보니 응답자 여성의 비율이 높았다.

1. 귀하의 성별은?(응답50개)

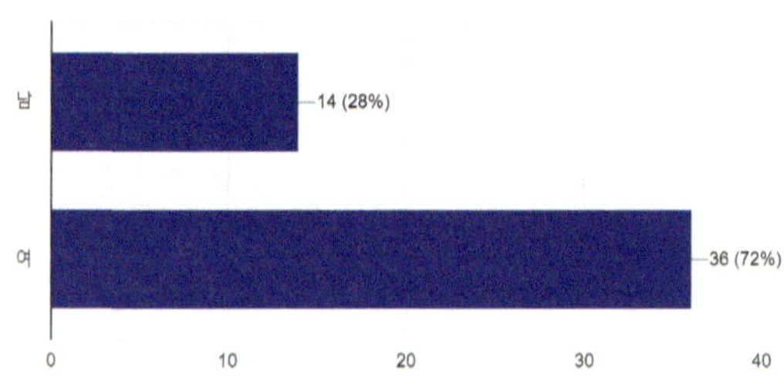

연령대 역시 유학생과 교환학생이 많다 보니 24세 이하 비율이 48%로 제일 높았다. 20세 이상 34세 이하가 84%로 응답자 대부분이 청년층에 해당했다.

2. 귀하의 연령대는?(응답50개)

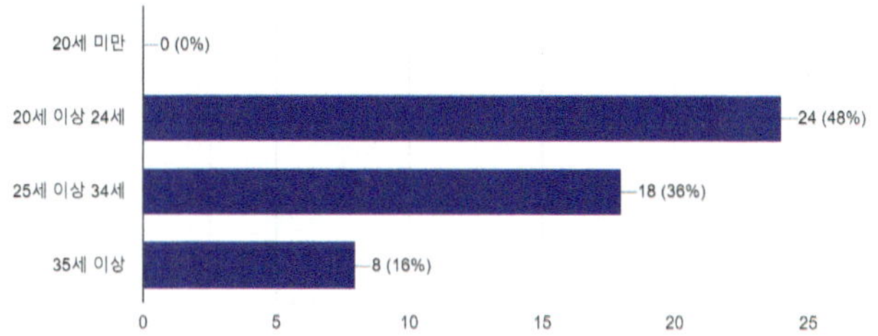

최종학력 역시 대학 재학 비율이 제일 높았다. 1명을 제외하곤 모두 4년제 대학 재학 이상의 학력을 보유하고 있었다. 재학생 대부분은 3, 4학년이었다.

3. 귀하의 최종학력은?(응답50개)

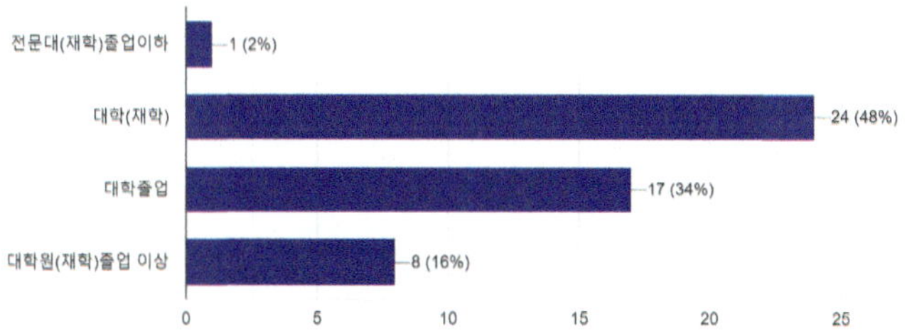

응답자의 전공은 인문 비율이 64%로 제일 높았고 상경 법정 순이었다. 인문에는 몽골 교환학생과 유학생이 많아 몽골어 전공자가 많았다. 상경 법정은 대부분 경영학과와 법학 전공이다.

4. 귀하의 전공은?(응답50개)

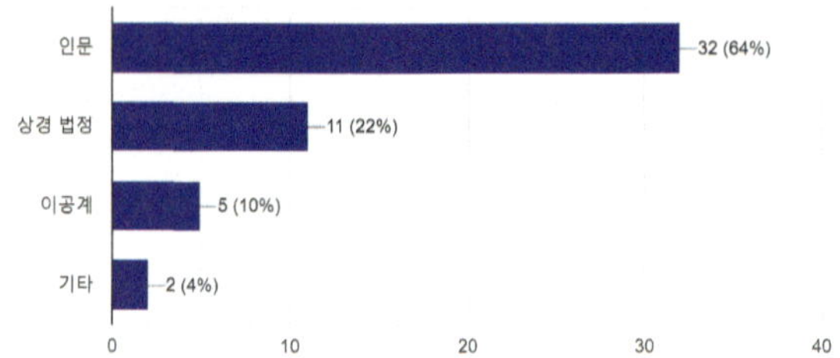

유학생이 많다 보니 해외 체류 경험은 3년 이상이 46%로 제일 많았고 극소수를 제외하곤 응답자의 90% 이상이 해외 체류 경험이 있었다.

5. 해외체류 경험은?(응답50개)

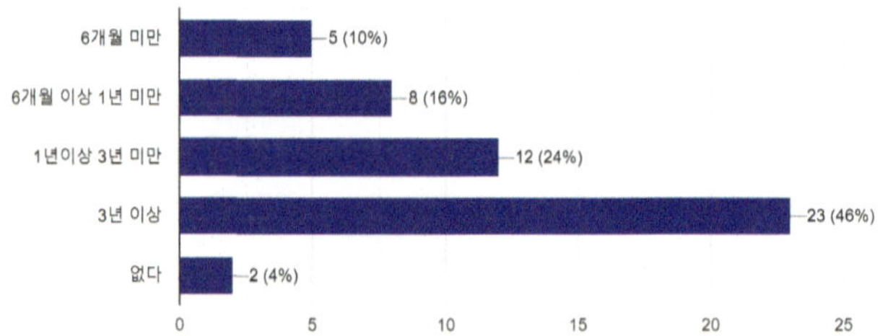

취업 의향 등 파악

몽골로 취업을 할 생각이 있는지에 대해선 응답자의 64%가 긍정으로 답했다. 응답자 대부분이 몽골을 경험한 자인데 응답자의 36%는 몽골 취업을 고려하지 않은 셈이다.

1. 귀하는 몽골 취업을 생각해 본적이 있습니까?(응답50개)

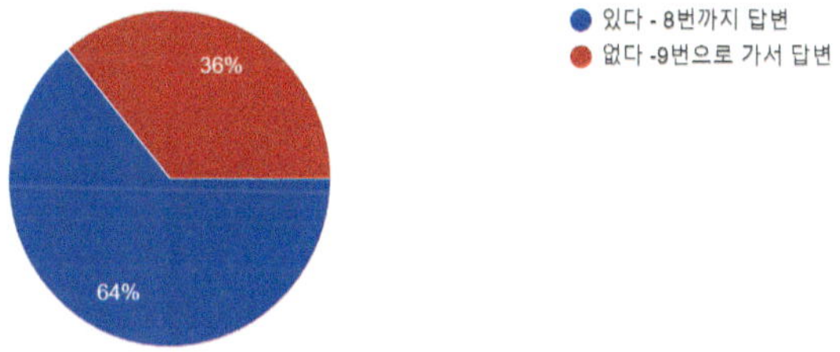

몽골로 취업하려는 이유에 대해선 몽골에 지인이 있어서가 40%가 넘게 가장 높게 비중을 차지하였고 미지의 국가라는 호기심, 몽골어 전공을 해서, 자연과 초원이 좋아서 순이었다.

2. 몽골로 취업하려는 이유는 무엇입니까?(응답32개)

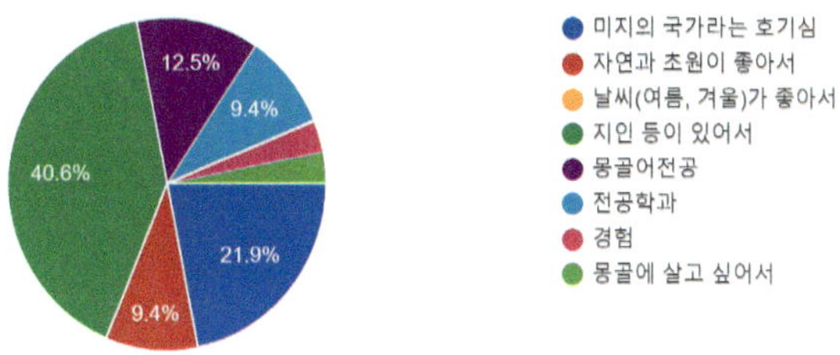

몽골 취업 시 희망하는 직종에 대해선 일반사무, 국제기구 직종의 비중이 32%로 제일 높았다. 그다음 관광 및 서비스, IT 및 공학 직종 순이었다. 직종에 상관없다는 응답도 일부 있었다.

3. 몽골로 취업시 희망 직종은 무엇입니까?(응답31개)

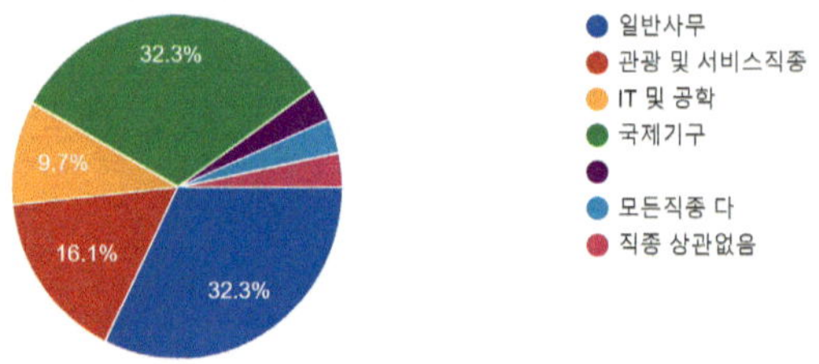

몽골 취업 시 희망 연봉은 응답자의 53%가 3천만 원대 연봉을 원했다. 그다음 약 38%가 2천만 원대였다. 그리고 2천만 원 미만이나 4천만 원 이상의 소수 응답자도 있었다.

4. 몽골 취업시 희망 급여는 얼마입니까?(응답32개)

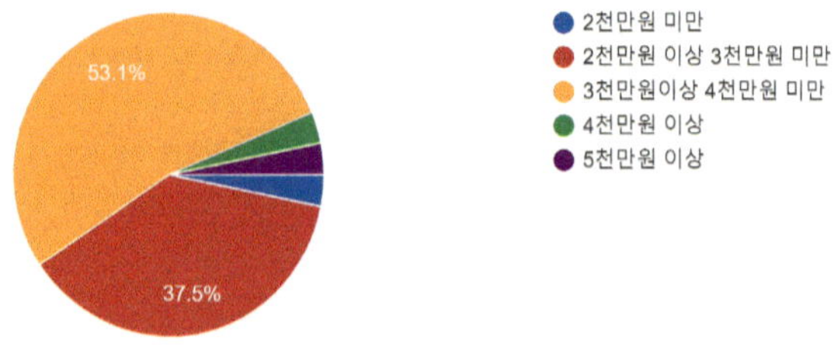

몽골 취업 후에 몽골에 얼마나 체류할지에 대해선 1년에서 3년 사이가 약 63%로 제일 많았다. 그다음 4년 이상이 25%이었고 6개월 이상 1년 미만이 9%였다.

5. 몽골 취업 후 얼마나 체류할 생각입니까?(응답32개)

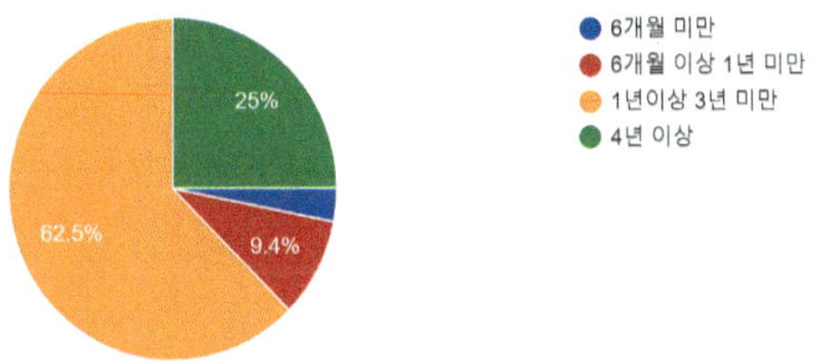

몽골 취업 정보는 어디서 구하는지에 대해선 학교가 약 41%로 제일 많았고 SNS 지인, 유튜브, 월드잡플러스, 취업 기관 등 순이었다. 또한, 약 16%는 취업 정보를 모른다고 답했다.

6. 몽골 취업 정보는 어디서 구합니까?(응답32개)

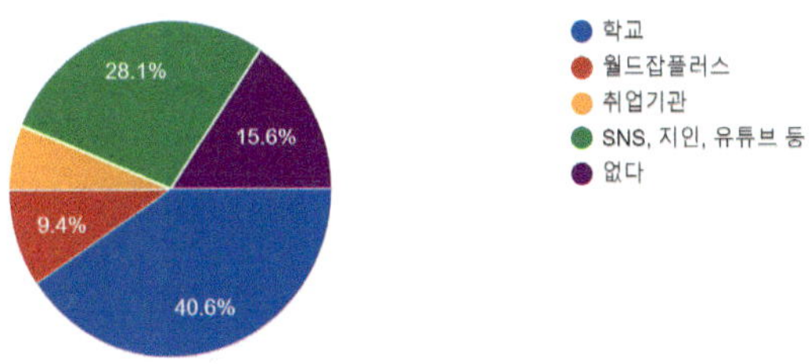

몽골 취업 시 고려하는 사항에 대해선 69%가 급여가 최우선이라고 답했다. 그다음이 이직을 위한 발판(경력 관리)과 현지 생활 여건을 고려한다는 응답 순이었다. 아울러 기업 규모를 본다는 응답도 있었다.

7. 몽골로 취업시 고려하는 사항은 무엇입니까?(응답32개)

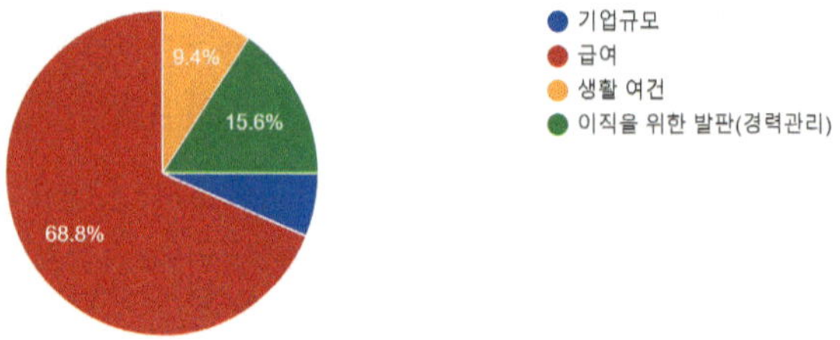

몽골 취업 시 애로 사항에 대해선 급여가 적을 거 같아서가 35%, 몽골어 구사 여부가 31%, 몽골에 대한 정보 부족이 22%, 생활환경 9%로 나타났다.

8. 몽골로 취업시 장애요인(애로사항) 무엇입니까?(응답32개)

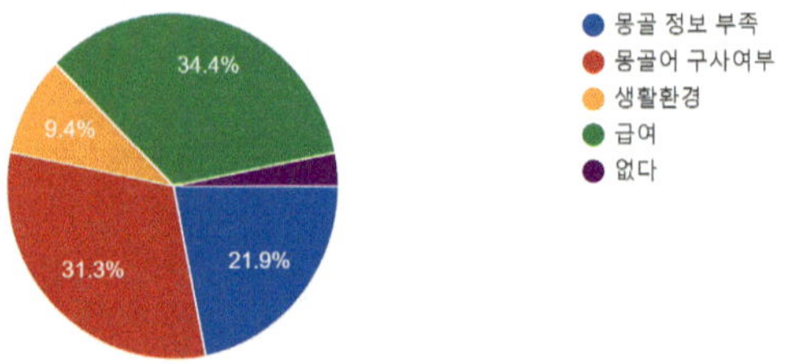

몽골로 취업을 고려하지 않은 응답자에게 그 이유는 무엇인가에 대해선 급여가 적을 거 같아서가 50%로 제일 많았고 일자리 정보가 없어서, 생활환경이 좋지 않을 거 같아서, 몽골어를 못해서 순이었다.

9. 몽골취업을 생각해보지 않은 이유는 무엇입니까?(응답18개)

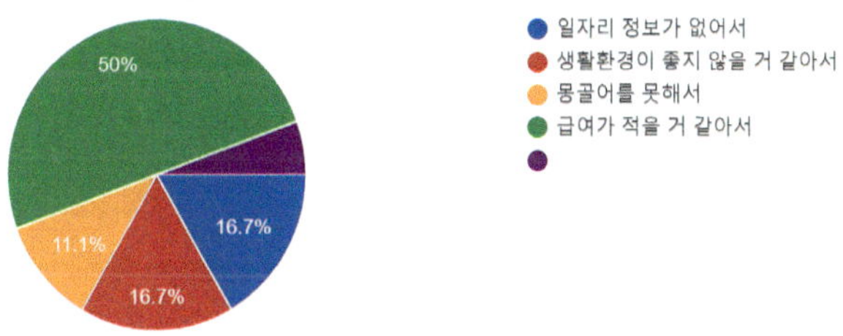

몽골에 급여 및 복지가 좋은 일자리가 있을 경우 취업을 고려해 볼 수 있는가에 대해선 약 83%가 고려해 본다고 답했다.

10. 몽골에 급여, 복지가 좋은 기업이 있을 경우 취업생각은 있습니까?(응답18개)

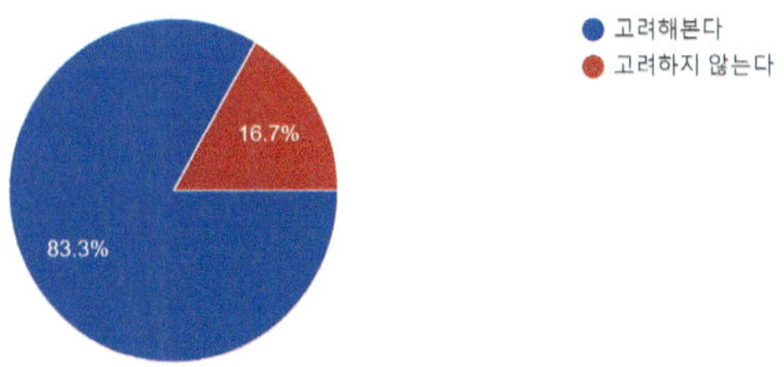

구직자 설문조사 결과

구직자 대상 설문조사에선 대상자 중 여성의 비율이 70%가 넘었고 80% 이상이 34세 이하의 청년이었다. 유학생이나 교환학생이 많다 보니 응답자의 48%가 대학 재학 중이었고 몽골어 전공자가 많다 보니 인문 비율이 높았다. 그리고 대상자 모두 몽골을 한 번 이상 경험한 적이 있는 청년들이었다. 그런데도 응답자의 36%는 몽골 취업을 생각해 보지 않는다고 답했고 그 이유로는 급여가 적을 거 같아서가 50%나 되었다. 그러나 취업을 고려해 보지 않는다고 답한 응답자를 대상으로 몽골에 급여가 좋은 일자리가 있을 경우 취업을 고려해 볼 수 있는지에 대한 물음에 80% 이상이 취업을 고려하겠다고 답했다.

한편, 몽골에 취업을 원하는 응답자는 전체 64%로 몽골에 취업하려는 이유로 몽골에 아는 사람이 있어서, 미지의 국가라는 호기심, 몽골어 전공을 살리기 위해서 순으로 답하였다.

희망 직종으론 일반사무직과 국제기구로 진출하겠다는 응답이 제일 높았고 관광 및 서비스, IT 직종 순이었다. 몽골에 거주했던 경험을 바탕으로 몽골에선 국제기구에 취업하는 것이 제일 좋다고 여겼던 듯싶다.

응답자의 절반 이상이 3,000만 원대의 연봉을 희망했다. 한국 최저임금이 연봉 기준으로 약 2,400만 원이고 대졸 신입 사원 연봉이 약 3,000만 원인 것을 고려하면 몽골에서도 비슷한 연봉을 원한다고 볼 수 있다. 물론 몽골의 급여 상황을 고려해 2,000만 원대의 연봉을 원하는 응답자도 약 38%나 되었다. 취업 후 몽골 체류 예상 기간은 1년 이상 3년 미만이 약 63%로 가장 높았다.

몽골 취업 시 가장 고려하는 사항으로 급여를 최우선으로 선택하였고 몽골 취업 시 애로 사항에 대해서도 급여가 적을 거 같다는 응답이 제일 높았다. 몽골 거주자로서 대략 몽골 급여가 한국보다 적다는 것을 알고 있는 듯했다.

3. 취업자 대상 인터뷰

몽골 취업자 대상 조사는 현지에서 취업자를 직접 만나 면대면 조사하는 방식으로 이루어졌다. 주요 취업 처인 몽골 UN House, 외국인학교, 현지 진출 한국기업, 현지 진출 한국 공공기관 취업자를 중심으로 조사하였다.

[인터뷰 대상자-취업자]

취업 기관	이름	성별	나이	전공	연봉(만원)	비고
UN House	*정*	여성	32	어문	3,600	경력
외국인학교	*은*	여성	25	예체능	2,800	신입
현지 한국기업	*한*	여성	28	경영	2,400	신입
현지 한국 공공기관	*수*	여성	25	농업	2,400	신입

자료: 자체 면담 조사

UN House

30대 초반인 A 씨는 4년제 대학교를 졸업한 여성 취업자다. 외교부 국제기구 채용 공고를 보고 지원하여 합격하였고 2022년 몽골에 왔다. UN 및 UN 산하 기구는 몽골 뿐 아니라 대부분 국가에 진출해 있는데 한국인만 채용하는 게 아니라 몽골 및 다른 국가 모두에게 채용이 열려있다고 한다. 다만, A 씨는 한국 외교부 국제기구 인사센터 공고를 보고 진출했기에 별도의 한국인 T.O가 있는 상태에서 온 거라 볼 수 있다.

커뮤니케이션 전문가로 근무하고 있으며 주 5일, 주 40시간 근무를 하고 있다. 몽골 UN House에는 UN 인구기금, 유니세프, UNV 등 다양한 기관이 있으며 대부분 경력자를 채용하고 있다. 대학원 석사 이상의 학력을 보는 직무 분야도 있고 관련 경력이 3년 이상이 되어야 하는 등 자격요건이 까다로운 편이지만 몽골어가 필수는 아니라고 한다. A 씨는 몽골어 전공자도 아니고 몽골 오기 전 몽골어를 배워본 적도 없어 잘 못 하는 편이다.

급여는 직종, 경력, 부양가족 여부 등에 따라 다르지만 보통 대략 연봉 3천 6백만 원에서 4천만 원을 받는다고 한다. 연봉에는 모든 수당 등이 포함된 금액이다. **"UN House에서 근무하는 장점 중의 하나는 눈치를 안 보고 전부 사용할 수 있는 휴가가 한 달인 점이 가장 맘에 듭니다."** 라며 UN에서 근무하는 장점 중의 하나로 휴가를 꼽았다. 몽골 일반 기업과 공공기관에서 휴가는 기본 15일이지만 UN House 근무자는 기본적으로 휴가가 한 달이다. 물론 몽골 특성상 다른 기업에 근무하는 직원들도 그 휴가를 거의 다 사용한다. 비자는 입국 초 엔트리 비자를 발급받은 후 근무 1달 이내로 UN 근무라 A -1 클래스 비자를 받았다.

몽골 취업 시 장애 요인으로 A 씨는 몽골 채용에 대한 정보가 많이 없었기에 정보 부재가 제일 어려운 점이었다고 한다. 물론 몽골어를 못하기에 이에 대한 두려움도 있었지만, UN 같은 기관은 영어로 의사소통을 하기에 근무하는 데 크게 어려움은 없다고 한다. 그러나 몽골어를 못해도 회사에 다니는 데 문제는 없지만 아무래도 기관 내 몽골사람들과는 다소 벽이 있음을 느낀다. 기본적으로 영어로 의사소통을 하지만 몽골 사람끼리는 몽골어로 얘기하니 약간의 소외감을 느끼기도 한다. 그래도 UN House 내 한국인이 4명이나 있어 외롭다거나 하는 어려움은 없다고 한다.

"겨울이 무척이나 추운 곳이라고 미리 알고 왔기에 추운 거에 대한 어려움은 없

으나 겨울이 길어 생활이 단조롭고 공기도 안 좋고 교통 체증이 생각보다 심한 편입니다." 라고 몽골 겨울 생활의 어려움을 얘기했다. 사실 몽골의 겨울은 한국보다 춥고 긴데 쇼핑몰 등이 많이 없어, 거의 집에서만 지내다 보니 단조로울 수가 있다. 또한, 버스 등 대중교통 이용하기도 쉽지 않고 교통 체증도 심해서 많은 사람이 걸어 다니기도 한다. 하지만 여름엔 한국보다 날씨가 좋아 몽골 여행하기에 좋고 울란바토르에서 지내기도 좋은 점은 장점이라 하겠다. 거주하는 집은 생각보다 따뜻해서 실내에서는 추위를 느끼지는 못한다. 그리고 몽골에는 한국음식점도 많은 편이지만 한국에서 먹던 것과는 많이 다른 편이고 그럼에도 대체로 음식에 문제는 없는 편이라고 말한다.

칭기즈칸광장 정부 청사, 뒤에 있는 UN House

몽골 UN House에서 일해보는 것은 좋은 경력이 될 수 있을 거라고 말한다. **"UN House는 거의 모든 몽골 청년들의 꿈의 직장입니다."** 라며 UN House에서 근무하는 것을 추천한다. 앞으로 관련 경력으로 독일 등 유럽에 진출하고자 하며 실제로 A 씨는 몽골 UN House 근무를 마치고 독일에 진출했다. A 씨 외 UN House 내 GGGI에서 근무하던 K 씨는 근무 종료 후 UN에 정규직 면접을 본 후 정직원으로 선발되어 2024년부터 새롭게 근무할 예정이라고 한다. 해외 취업 관련 간담회나 설명회 등이 많아지면 취업자나 구직자 등에게 좋을 거 같다는 의견을 주었다.

외국인학교 교사

현지에서 대학을 졸업한 20대 여성 B 씨는 외국인학교 교사로 채용되었다. 몽골에서 4년제 대학을 졸업하였기에 현지 생활환경에는 익숙했고 현지의 채용정보를 잘 알고 있었다.

외국인학교(국제학교)다 보니 한국인이라서 채용을 한 것이 아니고 지원자 중에 제일 적합하였기에 채용이 된 거 같다고 한다. 몽골에는 외국인학교가 많다 보니 영어, 음악, 미술 등 교과목 교사에 대한 수요가 많이 있다.

"근무시간은 8시부터 4시 반까지 주 5일 근무로 업무가 그렇게 힘들진 않고 외국인학교라 영어로 소통하기에 크게 어려움은 없는 편입니다." 라며 업무에 대해 나름 만족한 모습이었다. 몽골어는 잘 못 한다고 한다. 급여는 대략 연봉 2,800만 원이고 주거가 제공된다. 비자는 입국 초 엔트리 비자를 발급받은 후 근무 1달 이내로 국제학교 근무라 C -2 클래스 비자를 받았다.

몽골에서 학교를 다녀서 생활에는 크게 어려움이 없었다고 한다. 취업 관련해선 몽골로 취업하기엔 정보가 많이 없고 취업 정보도 대부분 몽골어로 되어있다 보니 몽골어를 잘하지 못하면 구직하는 데 어려움이 있는 건 사실이라고 했다. 다만, 반드시 몽골어를 잘해야만 취업을 하는 것은 아니라는 점도 강조하였다.

몽골은 겨울이 길어 생활하기 힘든 면이 있지만, 여름에는 생활하기가 좋아서 겨울에는 한국에 휴가로 많이 가고 여름에는 날씨가 좋아 몽골에서 지낸다고 했다. **"주거가 제공되기에 급여는 적지 않다고 생각합니다. 그리고 몽골은 대중교통이 발달 되어있지 않아 차가 없으면 다니기가 다소 불편한데 학교 주변에 집을 구해서 큰 불편은 없다."**고 말한다.

몽골에서 외국인학교 교사가 첫 직장이라 다른 기관과 비교가 어려우나 나름 만족하며 다니고 있다. 나중에 한국으로 갔다가 다시 해외로 진출할지는 고민하고 있으며 취업자 간담회 등 취업자 간 만나는 자리가 많으면 좋겠다는 의견을 주었다.

현지 진출 한국기업

한국에서 인문계열 대학 재학 중에 몽골 현지 진출기업에 합격한 20대 여성 C 씨는 몽골로 취업 오기 전에 몇 번씩 몽골에 온 적이 있다 보니 몽골이란 국가가 생소하진 않는다고 했다. 취업 합격 비결을 묻자 **"현지 진출 한국기업에 합격한 이유를 굳이 꼽자면 몽골에 몇 번씩 와서 거주했던 경험이 크게 작용한 거 같아요."** 라며 해당 국가 거주 경험의 중요성을 강조했다.

영업 및 현지 시장 조사 등의 업무를 하는 C 씨는 월요일부터 금요일, 8시부터 17시까지 주 5일 근무를 한다. 연봉은 2,400만 원 수준이며 휴가는 15일이다. 현지 진출 한국기업이지만 파견 형태라 한국 근로기준법 적용을 받고 있다. 비자는 입국 초 엔트리 비자를 발급받은 후 근무 1달 이내로 진출기업이 투자 형태 회사라 B - 3 클래스 비자를 받았다.

몽골어를 잘하지 못하지만, 몽골에는 한국어를 잘하는 몽골사람이 많아서인지 소통에는 그렇게 어려움이 있지는 않는다고 했다. 취업 전에 몽골에 몇 번 거주했던 적이 있는 만큼 몽골 생활환경에도 적응을 잘하고 있다고도 했다.

"몽골은 겨울이 길고 춥지만, 집안은 생각보다 아주 따뜻해서 추위에 대한 어려움은 없어요. 하지만, 교통이 안 좋고 겨울에 공기가 안 좋은 거 같다."라며 몽골 생활의 단점에 대해서 말해주었다. 개인마다 다르겠지만 몽골에서 일하다 보면 나름대로 장점도 많이 있으므로 몽골 취업을 추천하는 편이라고 했다. 몽골에서 간담회 등 취업자 교류가 많이 있으면 좋겠다는 의견을 주었다.

현지 진출 공공기관

몽골에는 코이카, 코트라를 비롯하여 관광공사, 국가 철도공단, 코피아(해외 농업기술 개발사업), 그린벨트사업단 등 한국의 적지 않은 공공기관이 진출해 있다. 봉사 단원 등은 보통 코이카를 통해 몽골에 진출하는데 그 외 공공기관에서도 자체적으로 선발해서 몽골에 오거나 현지에서 채용하는 경우도 있다.

한국에서 농업 관련 학과를 졸업하자마자 직원 선발 계획공고를 보고 합격하여

2023년 12월에 몽골에 도착한 20대의 여성 D씨는 몽골은 생전 처음이라고 했다. 주 5일 근무에 농업 관련 업무를 하고 있다. 연봉은 2,400만 원 수준이지만 아파트 주거 지원을 별도 받고 있다. 비자는 입국 시 엔트리 비자를 받은 후 몽골 도착 후 1달 내로 E 클래스 비자를 받았다.

영하 30도 전후의 추운 날씨에 몽골에 왔지만 몽골 생활에 적응하는데 아직까지는 크게 어려운 점은 없다고 했다. **"일찍 출근하고 일찍 퇴근하는 시스템이 좋아요."** 라며 회사의 유연 근무를 장점으로 꼽았다. 몽골은 교통 환경이 안 좋고 특히 출퇴근 시 교통 체증이 심해 일찍 출근해서 일찍 퇴근하는데, 오히려 저녁에 시간이 넉넉해서 자기 계발을 할 시간이 많아 좋다고 했다. 본인이 마음먹으면 대학원을 다니기도 어렵지 않아 공부하기에도 괜찮은 환경이고 몽골어를 몰라도 영어로 의사소통할 수 있어서 학교 다니기가 가능하다고 했다. 물론 몽골어를 못하다 보니 다소 불편한 점도 있지만, 생각만큼 그렇게 큰 단점은 아니라고 말해주었다.

"집이 이마트 주변에 있어 한국 식품 구하기도 쉽고 주변에 한국 식당도 많아 생활하는 데 어려움은 없어요" 라며 몽골 생활에 대해 아직은 만족한 편이라고 했다.

"몽골 하면 초원과 말이 먼저 떠올라요." 아직도 한국에 있는 제 친구들은 몽골 하면 게르에서 지내고 초원과 말들이 다니는 그런 곳만 있는 줄 알다 보니 몽골 취업에 대해선 아예 생각도 하지 않는 친구들이 많다고 했다. 한국에 있는 구직자 등 대상으로 몽골 취업 관련 설문조사를 했을 시 한 명도 응하지 않은 이유와도 관련이 있어 보였다.

취업자 D 씨는 몽골에 오기 전에는 몽골에 대해 거의 알지 못했고 해외 취업도 막연하게만 생각했었는데 몽골에 와서 일하다 보니 다양한 진로가 열려있는 것 같다고 말했다. 그래서 대학원이나 해외 취업 전반에 대해 지금부터 준비하고 있다고 했다(후에 몽골 대학원에서 공부하였다). 아울러 본인이 경력개발을 잘해 좋은 곳으로 이직을 하여 많은 친구도 몽골에 와서 일하실 바라고 몽골에 대한 일자리 정보도 한국에서도 쉽게 찾아볼 수 있게 해주면 좋을 거 같다고 말했다. 해외 취업 관련하여 몽골에서도 취업자 관련 행사 등이 많아져서 또래끼리 네트워크 등을 하면 좋을 거 같다는 의견을 내주었다.

취업자 인터뷰 결과

취업자 대상 인터뷰를 한 결과 예외도 있었지만 몽골 취업자 대부분은 취업하기 전 몽골에 대한 경험이 있었다. 그런데 인터뷰에 응한 취업자들 모두 몽골어를 거의 하지 못하는 것을 봤을 때 몽골 취업에 있어 몽골어 구사 여부가 필수는 아님을 알 수 있었다. 급여도 최소 연봉 2,400만 원 이상이고 휴가 등 근무 조건은 한국보나 나은 점도 있었다.

미국 등 선진국에 취업하는 것에 비해 취업비자 받는 게 어렵진 않은 편이었다. 또한, 몽골에 거주하면서 한국인이라는 이유로 차별받은 적은 없었다고 하며 생활면에서도 겉보기와는 다르게 크게 어려움은 없다고 했다.

UN House에서 근무한 경력을 바탕으로 독일에 진출한 취업자도 있고, 다시 UN 기구로 와서 UN 정직원이 된 취업자도 있었다. 취업자 역량에 따라 다르겠지만 몽골에서의 취업이 개인의 경력개발에 디딤돌이 될 수 있는 것처럼 보였다.

4. 기업인 대상 인터뷰

몽골 기업인 대상 조사는 몽골 100대 기업 중 일부 기업을 대상으로 현지에서 해당 기업을 직접 방문하여 회사 대표나 인사부 담당자(HR 매니저)를 직접 만나 조사하거나 이메일, 전화 등으로 조사하는 방식으로 이루어졌다.

[인터뷰 대상자-기업인]

기관	면담자	직종	자격 요건	연봉	몽골어 여부
글로벌브릿지	대표	건설, 교육	관력 경력	협의	직종별 상이
미아트	인사부 관리자	교육정비	관련 경력	협의	직종별 상이
오유톨고이	관리자	엔지니어	관련 경력	협의	직종별 상이
디지털 컨셉트	관리자	IT	관련 경력	협의	직종별 상이
타왕복드그룹	대표	마케팅	관련 경력	1억 이상	직종별 상이

자료: 자체 조사

글로벌 브릿지

글로벌 브릿지는 몽골 대기업 타왕복드 그룹과 형제 회사로 2007년에 사업을 시작하여 케라시스 샴푸, 하이트 맥주 등 25개 브랜드, 1,463개 제품을 몽골에 선보이고 있다. 한국 애경그룹 제품과 하이트 맥주를 몽골에 들여오고 있으며 건축, 건설, 철도 궤도, 아파트, 부동산개발, 외국인학교, 자동차 모터스, 무역 거래 등 다양한 사업을 영위하고 있다.

"한국인 기술자들이 필요합니다." 라며 글로벌 브릿지 대표 A 씨는 한국 인재 채용을 적극적으로 환영하였다. 글로벌 브리지 회사는 건설, 건축, 철도 분야에서 한국인 기술자들이 필요하며, 자회사 국제학교에도 영어 교과목 등의 교사가 필요하다고 하였다. 건설, 건축 관련 기술자 급여는 경력에 따라 다르고 한국 수준의 급여 책정은 어려울 수 있지만 적합한 지원자가 있으면 최대한 협의를 해서 맞춰가겠다고 하였다. 국제학교 교사의 경우 급여 수준은 대략 월 1,500달러 정도다.

"유능한 기술자 이력서를 보내주면 일정을 잡고 진행하겠습니다." 자체 회사 홈페이지와 페이스북을 통해 채용하고 있지만, 한국인의 경우 이력서를 보내주면 적격자의 경우 면접 등 일정을 잡아 수시로 진행하겠다고 한다. 한국의 애경과 하이트와 교류를 하고 있어 한국인이 기술력이 좋고 일을 잘한다는 것을 알고 있어 채용이 활발해지면 좋겠다는 의견을 피력하였다. **"몽골어 가능 여부가 필수는 아닙니다."** 몽골어를 잘하면 좋겠지만, 몽골어 구사 여부가 필수는 아니다. 다만, 관련 경력은 필수라고 하였다. 실제 글로벌 브릿지 자회사인 외국인학교 교사 채용에 한국인이 지원하여 채용을 진행하기도 하였다.

[일자리-글로벌 브릿지]

분야	자격요건	급여
건설, 건축	관련 분야 경력자, 기술자	최대한 협의
철도 궤도	관련 분야 경력자, 기술자	최대한 협의
국제학교	교사 자격증, 경력자	월 1,500달러

출처: 자체 면담 조사

월드잡플러스 건설 엔지니어 공고 - 연봉 3,000만 원

미아트

미아트는 몽골 국영항공사로 1956년에 설립되었다. Miat Argo Service Company의 유한회사로 몽골 정부가 100% 주식을 소유하고 있는 정부기업이다. 직원은 승무원을 포함하여 1,010명이며 한국, 일본, 중국, 독일 등 전 세계 10여 개 도시에 취항하고 있다[항공정보포털시스템 2016.8.31].

허브 공항은 칭기즈칸 공항이지만 본사는 울란바토르 보양트(Buyant-Ukhaa)에 위치해 있다.

"한국인 채용을 별도로 하지는 않지만, 승무원 서비스 강사나 정비기술자는 필요합니다." 미아트 항공 HR 매니저 B 씨는 자사 홈페이지를 통해 채용을 하고 있고 링크드인이나 페이스북을 통해서도 채용공고를 내고 있으나 한국인 채용은 별도로 하지는 않고 있다. 하지만 기내 서비스 인스트럭터(지도 강사)나 정비기술자는 한국인에게도 채용의 기회가 열려있다고 했다. 다만, 급여 수준이 승무원 교육 담당 강사의 경우 80만 원 정도밖에 안 되어 한국인이 원하는 급여 수준에는 많이 모자라 지원자는 많이 없을 거 같다. 그러나 정비기술자의 경우는 경력 정도에 따라 최대한 협의가 가능한 만큼 정비 분야로의 진출은 가능할 수 있어 보인다.

[일자리-미아트 항공]

분야	자격요건	급여
승무원 강사	관련 분야 경력자	80만 원
정비	관련 분야 경력자, 기술자	협의

출처: 자체 면담 조사

미아트 항공 본사

오유톨고이

오유톨고이 회사는 몽골에서 발표하는 100대 기업에 매년 3위안에 드는 대기업으로 오유톨고이(몽골 정부)와 호주 리오틴토가 합작한 광산-구리 회사다. 2022년 100대 기업 중 사기업 1위다.

관리자 C씨는 오유톨고이 홈페이지를 통해 일자리는 매주 리스트업을 하고 공개채용을 진행하고 있다고 한다. 엔지니어부터 애널리스트까지 다양한 직종의 일자리가 있다[출처:ot.mn]. 물론 링크드인을 통해서도 채용공고를 올리고 진행하고 있다.

"관련 경력이 있으면 누구나 환영합니다." 외국계 합작회사다 보니 외국인 채용에 열려있다. 직종마다 다르지만, 학사 졸업에 관련 경력이 최소한 1년 이상이 필요하다고 한다. 사무직의 경우엔 MS-Office에 능숙하고 상급 수준의 영어 구사 능력이 필요하다. 통·번역의 경우 실제로 한국인 구직자의 이력서를 제출하고 진행도 했지만, 경력 부분에서 부족하여 면접까지는 진행하지 못하였다. 급여는 애널리스트 직종이 연봉 약 6천만 투그릭(약 2천4백만 원) 이고 광산 채굴자는 15일을 광산에서 일하고 15일은 울란바토르에서 휴식하는 근로조건으로 연봉 4천만 투그릭(약 1천 6백만 원) 정도 한다.

[일자리-오유톨고이]

분야	자격요건	급여
애널리스트	관련 분야 경력자	월 200만 원
엔지니어	관련 분야 경력자, 기술자	협의
통역	관련 분야 경력자	협의

출처: 자체 조사

디지털 콘셉트(Digital Concept LLC)

Digital Concept LLC는 2020년 숀콜라이 그룹과 한국 GS리테일이 합작하여 만든 회사로 270여 개의 GS25 편의점과 1천 백여 명의 직원이 있다. 자사 홈페이지 및 링크드인, 페이스북을 통해 채용공고를 낸다. 사실 Digital Concept LLC와는 HR 매니저와 한국 대표 담당자 D 씨와의 주기적인 만남을 통해 채용을 진행해 왔다. 영업, MD, IT 직종에서 한국인 채용을 진행했으며 최근 IT 직종에서 한국인 지원자 면접을 진행하기도 했다.

디지털 콘셉트 GS25 몽골 본사 사무실

"팀장급 이상에선 관련 경력이 필요하고 몽골어 가능자가 요건이지만 IT 등 직종에선 관련 경력이 필수입니다." 직종마다 다르긴 하지만 최소 1년 이상의 관련 경력이 있어야 하고 직종마다 몽골어 구사 여부가 다르다. 영업팀장의 경우는 직원을 관리해야 하기에 몽골어는 능숙하게 구사해야 한다. 반면에 IT 직종의 경우는 몽골어가 필수는 아니라고 한다. 최근 IT 직종의 한국인 지원자도 몽골어 가능자는 아니었지만,

면접까지 진행은 되었다. 다만, 급여 등 협의가 안 되어 채용이 성사되지는 못하였다. 한국인만 별도로 채용하지는 않지만, 능력 있고 몽골로 취업하고자 하는 의지가 있는 경우엔 채용의 기회는 열려있다고 했다.

급여는 몽골 현지 임금과 한국 임금 사이에서 조정 및 협의가 이루어지는데 팀장급의 경우는 월 250만 원 내외이고 IT 직종 직원의 경우 월 150만 원 내외라고 했다.

[일자리-디지털컨셉]

분야	자격요건	연봉(만원)
영업(팀장)	관련 분야 경력자, 몽골어 가능자	협의
MD(팀장)	관련 분야 경력자, 몽골어 가능자	협의
IT(직원)	관련 분야 경력자	협의

출처: 자체 조사

타왕복드 그룹(Tavan Bogd group)

타왕복드 그룹은 앞서 소개한 몽골 100대 기업 중에서 MCS 그룹과 함께 몽골에서 최대 기업 중의 하나다. 몽골 증권거래소 시가총액 1위이자 몽골사람이 가장 많이 이용하는 Khan Bank, 몽골 제일의 캐시미어 Gobi, 아파트 브랜드 겔루지 비스타 등 건설업 및 부동산, 몽골인들이 즐겨 찾는 KFC 및 다양한 소비재 상품 등 20여 개의 자회사를 거느린 기업이다.

타왕복드 그룹의 대표를 면담하고 한국 청년과 기술자들의 진출을 논의했다. 의외로 대표는 한국 기술자들이 몽골에 많이 진출해서 일해주기를 바라며 그룹 및 계열사의 다양한 직종의 일자리를 안내해주었다. **"가급적 많은 한국인 경력자들이 필요**

타왕복드 그룹 계열사

합니다. 생각해 놓은 사업구상은 많은데 그 일을 진척시켜줄 기술자나 해당 분야 경력자가 많이 부족합니다. 한국의 많은 경력자가 와서 타왕복드 그룹에서 일하면 좋겠습니다." 대표는 타왕복드 그룹, 고비 캐시미어, 갈루지 비스타 등에서 일할 마케팅 책임자, MD 등 다양한 직종에서 한국인 경력자가 오면 좋겠다고 하였다.

대표와 면담 이후 각 계열사 HR 담당자 등과 후속 조치를 하여 월드잡 플러스에 마케팅 책임자, MD, 건설 기술자 등 다양한 직종의 일자리를 올렸다. 급여는 마케팅 책임자의 경우 연봉 1억 원 이상, MD 6천만 원 이상이었고 직종에 따라 비즈니스 왕복 항공권 및 숙소도 제공되었다.

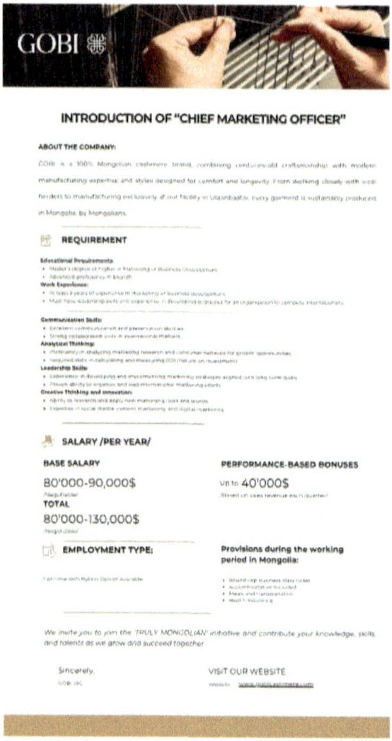

GOBI

INTRODUCTION OF "CHIEF MARKETING OFFICER"

ABOUT THE COMPANY:

GOBI is a 100% Mongolian cashmere brand, combining centuries-old craftsmanship with modern manufacturing expertise and styles designed for comfort and longevity. From working closely with local herders to manufacturing exclusively at our facility in Ulaanbaatar, every garment is sustainably produced in Mongolia, by Mongolians.

REQUIREMENT

Educational Requirements:

Work Experience:

Communication Skills:

Analytical Thinking:

Leadership Skills:

Creative Thinking and Innovation:

SALARY /PER YEAR/

BASE SALARY

80'000-90,000$

TOTAL

80'000-130,000$

PERFORMANCE-BASED BONUSES

Up to 40'000$

EMPLOYMENT TYPE:

Provisions during the working period in Mongolia:

We invite you to join the 'TRULY MONGOLIAN' initiative and contribute your knowledge, skills and talents as we grow and succeed together

Sincerely,

VISIT OUR WEBSITE

고비 캐시미어 마케팅 책임자 모집공고
연봉 1억 이상

기업인 인터뷰 결과

기업인 대상으로 인터뷰 및 조사한 바에 따르면 생각보다 몽골에는 한국인이 일할 일자리가 많이 있었고 기업에서도 한국인 채용에 있어 대체로 긍정적이었다. 몽골에 한국 문화가 많이 정착되었고 한국기업과 교류도 많아서 몽골 기업에선 한국인 채용을 오히려 환영하는 곳도 있었다. 다만, 몽골과 한국의 급여 차이로 인해 매칭이 실제로 성사되는 경우는 많지 않은 편이었다. 일부 기업에서는 한국인 채용 시 한국 수준의 급여를 주기엔 부담스러운 면이 있어 한국 급여와 몽골 급여 사이에서 절충하려는 입장을 보이기도 했다.

몽골의 대표적인 업종인 광산업에는 급여 수준이 다른 업종보다 높아서 한국인이 근무할 수 있는 직종이 다른 곳보단 많은 편이었다. 또한, 새롭게 몽골 경제를 이끌어나가는 유통산업 부분에서도 한국기업의 약진으로 한국인을 채용할 가능성 또한 높아진 것이 사실이다. GS25 등은 한국인 채용에 있어서 능력만 있으면 언제든 채용은 열려있다고 하였다. 그 외 한국진출 기업도 몽골 경제가 성장함에 따라 한국인 채용도 확대될 수 있을 거라는 의견을 주었다.

급여 수준이 한국보다 전반적으로 낮지만, 엔지니어, 마케팅 책임자 등 경력 10년 이상의 경우 타왕복드 그룹 같은 대기업은 생각보다 급여 및 복지가 좋았다. 아래는 월드잡플러스에 올라온 대표적인 일자리로 급여는 연봉 6천만 원에서 1억 원대까지 다양했고 항공권 및 숙소 제공 등 복지도 나름 괜찮은 일자리다.

자격요건		근무조건		접수기간	
경력	경력 5년이상 ~ 7년이하	고용형태	정규직	시작일	2024-09-11
학력	대학(교) 졸업	근무지역	몽골	마감일	2024-10-24
외국어	필수 영어(최상) : 영어능력우수자	근무시간	8 hours 5 days		
		급여(한화)	연봉 16,000 ~ 16,200 만원		
		급여(외화)	연봉 400,000,000 ~ 405,000,000 (MNT)		

주요업무내용

[타왕복드 그룹 22개 자회사 마케팅 총괄 책임자] The Chief Marketing Officer is a member of Executive management team. This job holder will have responsibility for providing professional marketing functions in Tavan Bogd Group's subsidiaries including marketing strategy planning, implementing, monitoring to create, promote, and sell products or services that that meet customer needs

MAIN ROLES AND RESPONSIBILITIES

1. Organizing customer and market research, and analyzing research results to develope future marketing policy and strategy to increase customer satisfactions and to support planned sales growth in the competitive market;
2. Developing the short-term, and medium-term marketing strategies and campaigns aligning with business goals and market demand/needs;
3. Defining marketing budgets, monitoring budget performance;
4. Guiding and providing recommendations, giving appropriate instructions in implemeting the approved marketing campaigns;
5. Providing overall leadership and management to effectively implement SSM (Social Media Marketing) and CRM (Customer Relationship Management);

월드잡플러스 타왕복드 그룹 마케팅 총괄 책임자 모집공고

아울러, 한국 진출기업이나 현지 기업 모두 한국인 인턴 채용에 있어선 대부분 환영하는 견해였다. 이들 기업과 연계하여 한국 청년을 인턴으로 채용할 경우 지원해보는 것도 하나의 진출 방안이 될 수 있을 거 같다.

5. 설문조사 및 인터뷰 결과

구직자 대상 설문조사와 현지 기업 취업자와 기업인 대상으로 인터뷰한 내용을 종합해보면 몽골 취업 특징, 진출 방법, 취업자의 경력 관리 등 대해 파악할 수 있다.

취업 특징

몽골은 자국민의 해외 진출을 위해 노동사회복지청 홈페이지 hudulmur-halamj.gov.mn를 통해 자국민을 대상으로 해외 취업 정보를 제공하고 있다. 최근 자체 일자리 홈페이지인 ejob.gov.mn을 활성화 시키기 위해 노력을 하고 있다. 그와는 달리 외국인 대상으로 몽골 취업을 지원하는 별도의 플랫폼은 없는 상황이다. 참고로 노동사회복지청장과의 면담에서 청장은 한국의 해외 진출 플랫폼인 월드잡플러스의 노하우를 알려날라고 요청할 정도로 관심이 많았다.

앞서 기업가들과의 인터뷰에서 알 수 있듯이 몽골에서 규모가 있는 회사는 자사 홈페이지를 통해 채용공고를 내고 진행을 한다. 하지만 가장 많이 활용하는 것은 페이스북이다. 기업 담당자가 페이스북에 채용공고를 올리기도 하고 채용 관련 에이전시 회사가 회사의 의뢰를 받아 페이스북 등에 올려 채용을 진행하기도 한다.

에이전시를 통해 채용이 이루어지는 경우 기업에서 에이전시에 알선 수수료를 지급한다. 단, 채용 후 3개월 이상 취업자가 회사에서 일할 경우에만 수수료를 지급한다. 몽골에선 3개월 미만 중도 퇴사자가 많아서 이렇게 운영을 하고 있다고 한다. 그리고 링크드인을 통해서도 채용공고를 올리고 이력서 등을 받아 채용을 진행하고 있다. 링크드인에서 채용공고를 보고 이력서 등을 제출하기 위해선 먼저 링크드인에 가입하고 본인 경력 등을 업데이트해 놓는 것이 필요하다. 링크드인에 자신의 경력을 업데이트해 놓으면 일부 기업에선 링크드인에 업데이트 한 본인 경력만으로도 이력서 제출을 갈음하는 경우도 있다. 그러니 링크드인에 자신의 이력 사항을 자세히 업데이트하는 게 좋다.

진출 방법

몽골 역시 다른 국가와 마찬가지로 경력자를 선호한다. 경력이 많은 동종 분야의 경력자를 가장 선호한다. 몽골에선 한국인의 경우 동종 경력이 최소 1년 이상만 되어도 지원이 가능한 분야도 있다. 그러나 구직자 설문조사나 취업자 인터뷰에서 보듯 몽골 취업에 관심이 있는 사람은 대부분 유학생으로 졸업예정자이거나 갓 졸업한 무경력자인 청년층이다. 그래서 이런 무경력자 경우엔 몽골어 구사 여부 혹은 영어 가능 여부에 따라서 진출 방법이 달라질 수 있다.

몽골어 가능자

한국에서 몽골어 전공자이거나 몽골 유학생, 장기간 교환학생의 경우는 학교를 졸업한 후에 코이카 및 현지 인턴 프로그램을 통해서 일 경험을 쌓고 진출하는 것이 좋다. 코이카에서는 국가별로 한국어, IT, 사회복지 등 다양한 직무에서 일 경험이 가능한 프로그램을 만들어 선발하고 있는데 몽골은 매년 수십 명 대의 봉사단원 등이 오고 있다. 또한, 코이카는 현지 봉사 기관 등을 지원도 하고 있다. 이런 봉사기관에 인턴 등으로 일하며 일 경험을 해볼 수 있다. 아울러, 현지 유학생의 경우는 학교 차원에서 국내 진출기업인 GS25 등 유통업체, 현지 대기업인 타왕복드 그룹, MCS 그룹 등과 인턴 계약을 체결해서 일 경험을 해볼 수 있다. 그러나 아직까지 한국 청년의 인턴 계약 등은 이루어지지 않고 있다.

영어 가능자

몽골 취업자의 경우 상당수가 몽골어를 하지 못하는데도 불구하고 취업에 성공하여 현지에서 일하고 있다. 몽골 UN House 등 국제기구에선 영어로 의사소통을 하고 국제학교 또한 외국인 교사가 많다 보니 의사소통은 영어로 한다. 오유톨고이 같은 광산 대기업은 외국계 기업인 리오틴토와 합작회사다 보니 영어를 잘하면 충분히 진출 가능한 기업이기도 하다. IT 직종도 영어로 의사소통할 수 있으면 취업에 지장은 없을 정도다.

이렇듯 몽골어는 못하지만, 영어가 가능한 경력자일 경우(대학원 졸업 포함)는 해당 분야의 경력이 맞는다면 코이카나 외교부 채용센터 등을 통해 몽골 UN House로 진출해 볼 수 있다. 또한, 사범대 등 정교사 자격증이 있는 경우 관련 전공으로 몽골 국제학교에 취업할 수도 있다. 영어는 가능하지만, 경력이 없다면 앞서 언급한 몽골 대기업이나 외국계 합작회사에 인턴으로 일을 할 수도 있다.

언어 무관

경력 5년 이상이고 기업에서 원하는 직무에 해당하는 경우엔 몽골어 구사 여부는 상관없을 수도 있다. 이런 일자리는 책임자급이나 기술자인데, 이 경우엔 경력 있는 한국 청년뿐 아니라 중장년층 경력자도 진출하기 좋다. 몽골은 다른 국가와 달리 능통하게 한국어를 하는 몽골인들이 많이 있어 몽골 대기업 정도라면 통역을 지원하기가 어렵지가 않다. 기업에서 요구하는 경력자라면 몽골어를 못해도 크게 문제 되지 않는다고 본다. 타왕복드 그룹도 해당 분야 경력자라면 통역은 지원 가능하니 언어 부분은 크게 상관하지 않아도 된다고 했다.

[몽골 취업 특징 및 진출 방법]

구분	내용	비고
공고	페이스북, 자사 홈페이지, 에이전시, 링크드 인	
진행	공고-서류-면접(1대 1인터뷰)	현지 거주자 선호
방법	몽골어 가능자 - 일 경험 프로그램 등 이용	무경력
	영어 가능자 - 외국계 기업 인턴	무경력
	영어 가능자 - 외국계 및 국제기구 취업	유경력
	언어 무관 - 대기업 엔지니어, 책임자급	유경력
기타	비자 및 에이전시 비용은 기업 부담	

출처: 자체 조사 및 정리

경력 관리

몽골 취업을 원하는 구직자라면 향후 이력 관리가 제대로 될지 걱정할 수 있다. 또한, 몽골에서 일하고 싶은 구직자라도 평생 몽골에서 살려고 하지는 않을 것이다. 구직자 대상 설문조사에서도 몽골 희망 체류 기간은 1년에서 3년 사이가 63%로 제일 많았고 다수의 취업자도 1년에서 3년 정도 몽골에서 일하다가 다른 나라로 이직하였다.

몽골 UN House에서 근무하던 취업자는 기간이 만료된 후 독일에 관련 업종으로 진출하였다. 몽골에서 대학을 졸업하고 현지 한국 진출기업에서 일하다가 한국으로 돌아가 같은 업종에서 일하는 취업자도 있다. 물론 이직만 하는 것이 아니라 한곳에서 계속 근무하는 경우도 있다. UN House에 계약직으로 근무하던 취업자는 기간이 만료된 후 UN에 정직원으로 선발이 되어 다시 근무 예정인 직원도 있다. 또한, 몽골 학교에 한국어 교사 등으로 취업해 3년 넘게 계속 다니는 경우도 있다. 이렇듯 몽골에서 취업을 할 경우 이력 관리도 충분히 가능하다고 여긴다.

[이직 경로]

직종	취업	경로(이직)	비고
공공행정	몽골 UN House	독일기업	독일진출
공공행정	몽골 UN House	몽골 UN House	정규직 전환
교육기관	몽골 학교	계속 근무	
일반사무	몽골 한국진출기업	한국기업	한국 복귀

출처: 자체 조사

제 4 장

취업 활성화 방안 및 유망직종

1. 해외 취업 활성화가 필요할까?

몽골 해외 취업 활성화 방안을 알아보기 전에 일부에선 국내에 일자리가 없는 것도 아닌데 굳이 공적인 영역에서 청년들의 해외 취업을 장려할 필요가 있냐고 생각하는 사람도 있다. 일견 타당한 의견일 수 있으나 공적인 영역에서 해외 취업을 장려하는 것은 무작정 해외 취업을 활성화한다는 것이 아니라 전략적으로 접근해서 지원하고 활성화한다는 의미다.

기업 매출 전략에 관한 보스톤 컨설팅 그룹(BCG) 매트릭스 사분면을 보면 기업 성장과 매출에 따른 전략을 취할 때, 성장률도 높고 매출도 높은 스타, 성장률은 낮지만, 매출은 높은 캐시카우, 성장률은 높지만, 매출은 낮은 물음표, 성장과 매출 모두 낮은 도그(개) 영역에 맞춰 전략을 수립해야 한다는 것은 한 번쯤 들어봤을 것이다.

해외 취업전략도 이와 비슷하다고 볼 수 있다.

일자리 선호도와 구직자 수에 따른 전략을 취할 때, 일자리 선호도가 높고 구직자도 많은 경우, 선호도는 높지만, 구직자는 많이 없는 경우, 선호도는 낮지만, 구직자는 많은 경우, 선호도도 낮고 구직자도 많이 없는 경우, 각각 영역에 맞춰 전략을 수립하여 적용해 간다.

	← 구직자 수	
선호도 ↑	① 미국, 승무원	② 미국, 기술자
	③ 중동, 간호사/호텔	④ 미지의 국가, 미정

선호도가 높고 구직자가 많은 1영역은 공적 영역에서 크게 장려하지 않아도 된다. 미국이나 승무원 직종의 경우는 사적 영역에서도 활발하게 이루어지고 있으며 개인이 알아서 취업을 잘하는 분야이기도 하다. 1영역에선 공적 영역이 부드럽게 개입하는 넛지[12] 전략을 취하면 된다.

선호도는 높지만, 구직자는 많이 없는 2영역은 미국 IT 직종, AI 분야 등이 대표적인데 이 경우는 인재 유출이 될 수도 있는 영역이므로 공적 영역에서 소극적으로 개입할 필요가 있다.

공적 영역에서 관심을 가져야 하는 분야가 3, 4영역이다. 선호도는 낮지만, 구직자는 많이 있는 3영역은 우수 일자리 등을 알려주고 알선과 매칭에 집중하면 된다. 실제로 중동 간호사의 경우 초기에는 중동이라는 지역에 대한 선호도가 높지 않았지만, 적극적인 우수 일자리 발굴 등을 통해 알선 매칭이 되어 많이 진출하기도 했다.

선호도도 낮고 구직자도 많이 없는 4영역은 어떻게 보면 취업 지원을 해선 안 되는 영역으로 볼 수도 있다. 하지만 선호도가 낮다는 것이 어떤 이유인지를 먼저 파악해 볼 필요가 있다. 우수 일자리가 있고 거주 여건도 괜찮은데 정보를 몰라서 관심이 없었다면 이런 정보는 적극적으로 알릴 필요가 있다. 이 4영역은 공적 영역이 적극적으로 개입해야 하는 곳이며 미지의 국가로 대표되는 곳이 이 책에서 소개하는 몽골 같은 나라이다.

12) 넛지 : 리처드 탈러가 고안한 개념인 넛지는 부드러운 개입을 통해 올바른 행동을 이끄는 것을 말한다.

2. 몽골 취업 활성화 방안

몽골 취업을 활성화하기 위해서는 앞서 분석한 몽골의 취업 환경과 일자리 수요, 구직자 대상 설문조사와 현지 기업 취업자와 기업인 대상으로 인터뷰한 내용을 바탕으로 다양한 방식으로 접근할 필요가 있다. 무엇보다 몽골 취업 활성화를 위해선 정보제공이 우선이라고 본다.

체계적인 정보제공

구직자 대상 설문조사 및 심층 인터뷰에서 살펴봤듯이 구직자들은 몽골에 대한 정보가 많이 없으므로 몽골로 취업하는 데 어려움이 있다고 했다. 몽골이 해외취업 유망국가도 아니고 주요 선진국도 아니어서 몽골에 관련한 취업 정보는 해외진출플랫폼인 월드잡플러스에도 거의 없는 실정이다. 또한, 몽골 현지에서 각종 정보가 한국처럼 개방되어 있지 않다 보니 일자리 정보 역시 제한적이다. 그러다 보니 몽골에서 대학을 졸업한 구직자여도 현지의 우수 일자리 정보를 찾지 못해 취업을 쉽게 포기하는 경우도 있었다.

그러나 전술한 바와 같이 몽골에도 한국 청년들이 진출할 수 있는 양질의 일자리가 있으며 경력 유무, 몽골어 가능 유무 등에 따라 취업 가능한 직종이 있음을 살펴봤다. 이러한 정보의 비대칭성을 막기 위해서 월드잡플러스를 중심으로 양질의 일자리 정보, 현지 경제 동향, 현지 유망직종 등의 채용 관련 정보를 정기적으로 업데이트하는 게 필요하다. 2023년부터 몽골 취업 관련 정보가 월드잡플러스를 통해 분기별로 1회씩 정보가 제공되고 있으나 더 확대할 필요가 있다.

실제로 2023년에 몽골 우수 일자리 채용정보를 월드잡플러스에 올리고 난 후, 그 채용정보를 보고 문의를 한 후, 몽골로 직접 와서 면접을 보고 채용을 진행했던 구직자도 있었다. 2024년엔 고비 캐시미어, 타왕복드 그룹에서 마케팅 책임자, 엔지니어 등의 채용공고를 보고 많은 지원자가 면접을 보며 채용 진행을 하기도 했다

아울러, 몽골은 한국의 중장년층이 진출하기에도 괜찮은 곳이다. 몽골은 계속 개발하고 있어 다양한 분야에서 한국인의 노하우를 원하고 있다. 건설, 건축 엔지니어, 마케팅 책임자 등 해당 분야 10년 이상의 경력자라면 몽골에서 제2의 경력을 쌓아가기에 충분히 도전할 만한 곳이라고 생각한다.

핀포인트 지원

해외 취업 활성화 방안으로 정부에서는 해외취업자 대상으로 정착지원금 지원, 일 경험 프로그램, 해외 취업 연수 프로그램 등 다양한 지원을 하고 있다. 하지만 몽골 같은 개도국의 경우 급여가 높지 않아 몽골에 취업했더라도 일정 연봉 조건을 충족하지 못해 정착지원금(500만 원)을 받지 못하는 경우도 많이 있다. 또한, 해외 취업 주요 희망 국가가 아니다 보니 연수 및 일 경험 프로그램도 거의 없는 상황이다.

해외에서 한국인이 일할 수 있는 정도의 급여(연봉 1,900만 원)를 받아야만 취업자로서 인정하는 취지는 충분히 공감하나 국가마다 연봉, 물가 수준 등이 다른데 그 금액에 미달한다는 이유로 조금도 지원을 받지 못하는 것은 불합리해 보이기도 한다. 그러므로 개도국 같은 경우엔 정착지원금 받을 수 있는 기준 연봉을 낮추거나 국

가별로 물가, 소득 대비 정착지원금 액수를 차등해서 지원하는 방법을 고려해 볼 수 있을 거 같다. 정착지원금을 지원하기 어렵다면 현지에서 주거 임차 시 일정 금액을 지원금형식으로 보조하는 것도 방법이 될 수 있다. 또는 한국 청년을 채용하는 현지 기업에 비자 발급 비용, 항공권 비용 등을 지원한다면 많은 기업에서 한국인 채용에 적극적으로 관심을 보일 거라 여긴다. 구직자 설문조사에서 몽골 취업에 장애 요인 1순위가 급여라고 나왔듯이 급여가 연봉 1,900만 원 이하일 경우 상기와 같은 지원을 한다면 몽골 진출 장애 요소는 완화될 수 있다고 본다. 또한, 몽골에는 한국어 관련 학교가 100개가 넘게 있는데 이들 학교에 한국어 강사로 채용될 경우 급여에 외지 수당 등 일정 금액을 보조해 주는 방식으로 지원해주면 몽골 취업 활성화에 도움이 되리라 여긴다.

네트워크 활성화

몽골에 진출한 한국기업이 공식적으로 40여 개가 넘고 수십 명의 유학생과 곳곳에 취업자들이 있지만 서로 연결해주고 지지해주는 네트워크가 부족한 면이 있다. 미국, 일본, 중국 등 주요 해외 취업 국가에선 대사관, K-Move 센터 등을 중심으로 취업자 모임 행사를 정기적으로 개최하여 현지 진출 기업가, 대기업 인사담당자들과의 네트워크를 도모하고 있다. 하지만 몽골은 취업자가 많이 없고 진출기업도 미국 등에 비해 많이 없다 보니 취업자 관련 행사가 많이 없는 편이다. 현재 산업인력공단 몽골 EPS 센터에서 취업자 간담회 등을 진행하고 있지만, 대사관 등과의 협력을 바탕으로 취업자 관련 행사를 확대할 필요가 있다. 취업자와 현지 기업 인사담당자, 구직자들

간에 자연스러운 만남을 통해 기업 정보, 일자리 정보 등을 교환하면 기업으로선 인재 확보, 구직자로선 우수 일자리 등을 더욱 쉽게 파악할 수 있는 장점이 있다. 또한, 앞서 언급했듯이 몽골 현지 및 해외 취업을 담당하는 노동사 회복지청에 한국의 해외 진출플랫폼인 월드잡 플러스 노하우를 알려주면서 활발하게 교류를 해나가면 몽골 취업 활성화에 많은 도움이 되리라 여긴다.

3. 취업 유망직종

체계적인 정보제공, 핀포인트 정부 지원, 네트워크 구축 등 몽골 취업 활성화 방안을 바탕으로 한국 청년이 몽골 진출하는데 유망한 직종을 도출하면 다음과 같다.

광업

몽골은 석탄, 구리, 금 등 자원이 풍부한 세계 10대 자원 부국으로 광업은 전통적으로 몽골 경제를 뒷받침하는 직종이다. 2023년 3분기 기준 몽골 경제가 6.9% 성장하고 외화 보유액이 43억 달러로 증가하는 등 경제가 안정화된 모습을 보인 주된 이유는 석탄, 철광석, 구리 등 광업 부분의 수출 호조 때문이었다[Montsame 2024.1.15]. 그만큼 광업은 몽골 경제의 중심이다.

민간 분야 100대 기업 중 1위를 차지한 몽골 오유톨고이는 세계적인 광업회사인 호주 리오틴토와 합작으로 설립되어 몽골 광업 분야를 이끌고 있다. 호주와의 합작 회사로 외국인 채용도 활발하게 진행이 되고 있고 일자리도 다양하며 급여 또한 앞서 조사한 것처럼 한국인이 일할만한 수준은 된다.

또한, 최근 한몽간 희소금속 협력센터가 개소되고 희토류 원소 공동 연구센터가 설립되어 희토류 등 광물 분야에서 협력이 이루어지고 있다. 특히 몽골 제1의 광산업체인 국영기업 에르데넷(Erdenet)과 한국기업과의 양해각서를 통해 광업 분야에서의 교류 및 인력 진출이 더 활성화되리라 여겨진다[출처:news.mn 2024.1.17].

유통서비스업

앞서 조사한 바에 따르면 2022년 100대 기업 중 유통서비스업의 성장세가 전년 대비 20% 이상으로 가파르게 상승하였고 해마다 지속해서 상승하고 있다.

2025년 5월 현재 CU는 480호점이 몽골에서 운영 중이다. 또한, 2021년 5월 울란바토르에 1호점을 개점한 GS25는 2023년 12월 기준 273개를 개점할 만큼 성장 속도가 빠른데 이는 몽골 유통서비스업의 성장세보다 한국 진출기업인 편의점, 유통기업 등의 상승세가 훨씬 크다고 볼 수 있다.

유통서비스업이 광산업 등 다른 직종보다 관심을 두는 이유는 고용시장에서 차지하는 비율이 30%를 넘을 만큼 비중이 커서다. 특히 CU는 3,500개의 일자리를 창출하고 매장 내 화장실 개방 등을 통해 몽골 사회에서 사회적 책임을 다하는 기업으로 인정을 받고 있다.

기존 CU, GS25, 이마트 등 유통기업 외에 이제는 한국 패스트푸드점, 식당 등 진출이 늘고 있다. 최근 샹그릴라에 맘스터치, 나담 센터에 백종원의 새마을 식당 등이 오픈을 했고 앞으로도 한국 유통업 및 식당 프랜차이즈점 진출이 계속 이어질 기리고 한다.

이에 따라 매장관리, 영업 관리, MD, IT 직종 등에서 한국인 채용이 이루어질 수 있고 최근에 한국 청년들이 영업 관리, IT 직종 등에서 최종 면접을 보기도 했다.

관광업

몽골은 광산 자원뿐 아니라 천혜의 자연 자원을 보유하고 있는데 관광 인프라 부족 등의 이유로 관광상품으로 연결 짓지 못해 그리 주목받지 못했다. 그러나 경제를 다각화하고 관광 서비스를 개발하기 위해 2023~2025년을 몽골 방문의 해로 선포하고 대대적인 홍보를 하였다. 그 결과 2023년에는 60만 명 이상의 외국인이 방문했는데 그중 한국인은 142천 명으로 약 21%였다. 2024년에는 80만 명 이상의 외국인이 몽골을 방문했는데 이중 한국인은 193천 명으로 약 25%였다. 이렇게 관광산업의 호황으로 몽골은 2023년 기준 13억 달러 이상의 관광수익을 창출하기도 했다.

2025년에는 5월 현재까지 총 22만여 명의 외국인이 몽골을 방문하였는데 이는 전년 동기 수준보다 10% 이상 늘어난 숫자다. 몽골을 방문하는 외국 관광객은 올해는 100만 명을 돌파할 것으로 내다보고 있다. 이에 따라 호텔 및 리조트 시설이 증가하고 가이드와 여행업에 종사하는 수도 많이 늘어나고 있다. 당분간 몽골의 관광산업은 호황이 이어지리라 보고 있다.

그런데 몽골 관광이 여름에 집중되다 보니 대략 6개월은 비수기다. 이런 상황에서 몇몇 여행사에선 한국 청년을 여름철엔 가이드로, 그 외 기간엔 한국어 강사로 활용하는 크로스오버 형태로 채용을 진행하기도 한다. 가이드의 경우 몽골사람 대비 한국 청년의 경쟁력이 다소 약할 순 있으나 한국어 강사까지 고려해 보면 한국 청년도 충분히 경쟁력이 있는 일자리가 될 수 있다고 본다.

또한, 몽골 관광산업 활성화를 위해 한국관광공사 몽골지사가 2025년 5월 최근에 관광 교육 종합센터를 개관하였다. 관광 전문 인력양성소로 관광 인프라 지원, 관광업 종사자에 대한 교육 시행 등 협력을 지원하고 있어 한국 청년들이 몽골 관광업에 진출하는 데 도움이 되리라 여긴다. 한국에 있는 2년제 호텔 관련 학과 학생들 대상으로 몽골 샹그릴라 호텔 등 5성급 호텔과 인턴 계약 등을 체결하여 한국의 예비 호텔리어들이 일 경험을 해보는 것도 좋은 진출 방안이 되리라 생각한다.

기타

앞서 살펴본 것처럼 몽골 UN House 등 국제기구 취업자의 경우 급여가 높은 편이고 이직도 수월하고 UN 정직원도 될 수 있어서 몽골 국제기구로의 진출은 좋은 기회가 될 수 있다. 또한, 몽골에는 국제울란바토르학교(ISU), 미국학교(ASU) 등 국제학교가 많이 있어 전공 교과목 등 분야에 따라 진출 기회가 있다. 사범대학 등을 졸업하고 교사 자격증이 있는 관련 분야 경력자는 몽골 국제학교에 진출해보는 것도 새로운 기회가 되리라 생각한다.

미지막으로 몽골은 한국의 발전상을 모델로 삼기에 한국 기술자 등에게 호의적이다. 타왕복드 그룹의 대표가 사업을 확장하고 싶어도 기술자가 없어서 사업에 진척이 나가지 않는다고 말한 것처럼 몽골에선 한국의 기술자 등을 필요로 한다. 그러므로 몽골에서 필요로 하는 건설업 엔지니어, 마케팅 책임자 등의 해당 경력을 갖춘 한국인이라면 청년뿐 아니라 중장년층에게도 좋은 기회가 되리라 여긴다.

몽골 취업 활성화 방안 요약

트럼프 2.0 시대를 맞아 세계 경제는 한 치 앞을 내다보기 어렵게 되었고 국내 경기는 코로나 이후 저성장에 빠져있다. 또한, 청년 실업률 또한 좀처럼 나아지지 않고 있다. 국내 일자리 미스 매칭을 줄이고 해외 일자리 발굴을 위해 미국 호주 등에 집중했지만 이들 국가는 자국민 일자리 보호를 위해 비자를 제한하고 있다. 이에 몽골 같이 경제성장률이 크고 한국에 우호적인 국가를 대상으로 한국 청년이 진출 가능한지 취업 환경 등을 파악해볼 필요가 있다.

몽골과는 1990년 수교이래, 현재는 전략적 동반자 관계로까지 격상된 상태다. 양국의 경제 문화교류도 활발하고 울란바토르에 있는 아파트 모습은 단지 내 GS25 편의점, 주변에 이마트 등이 한데 어우러져 있어 몽탄 신도시라는 말이 나올 정도로 한국과 유사하다. 몽골사람은 한국인에게 우호적이고 한국의 경제 발전을 닮으려고 노력하고 있다. 겨울이 춥긴 하지만, 한국 병원, 한국 브랜드 등이 많이 있고 몽골사람과 생김새나 사고방식 등이 비슷해서 한국인이 몽골에 거주 시 적응하는 데 큰 어려움은 없는 상황이다.

몽골은 비전 2050등을 통해 기존 광업 의존의 경제구조를 탈피하고 경제구조의 다각화 정책을 추진하고 있다. 그 결과 2023년 이래 6% 이상의 경제성장을 이루었고 그에 따라 자국민 급여도 큰 폭으로 인상되었다. 또한, 외국인력 도입 활성화를 위해 고용세를 50% 감액하고 있으며 일부 직종에선 90%까지 감액을 추진하고 있다. 비자 역시 1년 단위 갱신에서 최초 발급 시 최대 3년까지 제공하고 있다.

몽골 광산 자원의 수출에 힘입어 광산업에서 활발하게 채용을 진행하고 있다. 통·번역, 애널리스트 등 한국인이 가기에 적합한 일자리도 늘어날 전망이다. 유통서비스업 분야에서 몽골 대기업과 합작을 한 CU, GS25, 이마트 등이 몽골 유통 서비스 분야에서 상위권에 위치함에 따라 영업, MD, IT 직종 중심으로 채용이 진행되었다. 또한, 한국 병원 진출이 확대됨에 따라 울란바토르 곳곳에 한국 병원이 설립되고 있다. 이에 따라 의사 등 의료진, 행정직원 중심으로 일자리 수요가 늘어날 전망이다. 아울러, 2025년까지 몽골 방문의 해가 지속하고 관광산업이 지속적으로 활성화되고 있어 가이드, 호텔 분야로의 진출이 가능하다.

이처럼 몽골에 한국 청년이 진출할 수 있는 일자리는 적지 않게 있다. 그런데도 몽골로의 취업은 활발하지 않은 상황이다. 몽골로 취업이나 진출이 활발하지 않은 원인은 구직자 설문 결과에도 나왔듯이 몽골의 경제 규모가 크지 않고 소득수준이 낮아 급여 또한 낮을 거라는 구직자들의 생각이 몽골 진출에 가장 큰 장애 요인이었다. 또한, 몽골어를 공부하거나 몽골에서 거주하는 청년들조차도 상당수가 현지 일자리 및 기업 정보에 대해 잘 모르고 있는 것이 청년들이 몽골 진출을 막고 있는 또 다른 원인이었다.

이런 상황에서 한국 청년의 몽골 취업 활성화 방안과 취업 유망직종을 제시하였다.

몽골 취업을 활성화하기 위해선 우선 정보제공을 강화해야 한다. 구직자들은 몽골이 해외 취업 선호 국가도 아니고 유망국가도 아니어서 몽골에 대해 잘 모른다. 해외 진출플랫폼인 월드잡플러스에도 몽골 관련 취업 정보 등은 거의 없는 상황이다.

2023년부터 몽골 일자리 정보가 월드잡플러스를 통해 제공되고 있지만, 더욱 확대될 필요가 있다. 몽골 우수 일자리 정보, 기업 현황, 진출 방법, 경력 관리 방법 등 정보를 자세히 알릴 필요가 있다.

둘째, 해외취업자 대상 정착지원금 등 정부 지원사업을 유연하게 운영해야 한다. 몽골은 급여 수준이 전반적으로 낮지만, 생활물가나 주거 임차료 등은 낮은 편이다. 취업자의 연봉이 정착지원금 기준액에 미달하여 받지 못하면 일정액을 정부에서 취업자의 임차료 등으로 지원하거나 한국 청년을 채용한 기업에 비자비용 지급 등 간접 보조하는 식으로 지원해주는 방법도 검토해 볼 만하다.

셋째, 몽골에서 취업자, 기업인, 구직자 간 네트워크를 활성화 해야 한다. 미국, 일본 등 주요 해외 취업 국가에서 진행하는 취업자 모임 행사 등을 주몽골 대한민국 대사관 및 현지 기관 등과 협력하여 네트워크를 구축할 필요가 있다. 현지 기업 담당자와 취업자와 구직자 간 자연스러운 만남을 통해 일자리 정보 등을 교환하면 기업은 인재를 안정적으로 확보할 수 있고 구직자는 좋은 일자리를 알 수 있어 서로에게 윈윈할 수 있는 장점이 있다.

이런 몽골 취업 활성화 방안을 바탕으로 몽골에서 취업 유망직종을 도출해보면 다음과 같다.

첫째, 광업 분야다. 몽골은 세계 10대 자원 부국으로 광업은 몽골 경제를 뒷받침하는 업종이다. 민간 분야 100대 기업 중 1위를 차지한 오유톨고이 회사는 외국인 합작회사로 외국인 채용도 자사 홈페이지를 통해 활발하게 진행하고 있다. 또한, 한국과 몽골 간 희소금속 센터가 개소되는 등 한몽간 광물 분야에서 협력도 진행되고 있어 한국 청년의 몽골 진출이 더 활성화될 수 있다.

둘째, 유통서비스업 분야다. 몽골 전체 산업 중 유통서비스업은 가장 빠르게 성장하는 산업 중의 하나로 고용시장에서 차지하는 비중이 30%가 넘을 정도로 일자리가 많은 산업이다. 특히 한국의 CU, GS25, 이마트 등 유통기업뿐 아니라 맘스터치, 새마을 식당 등 요식업 프랜차이즈 진출도 활발해지고 있어 매장관리, 영업 관리 등 분야에서 한국 청년 진출 기회가 확대되리라 여긴다.

셋째, 관광업이다. 2023년 몽골 외국인 방문객 중 60만 명 중 한국인 관광객 수가 전체 2위였을 만큼 한국 관광객이 증가하였다. 2025년까지 몽골 방문의 해가 지속하는 만큼 향후 몇 년간 몽골 관광업은 호황이 예상된다. 올해는 특히 관광업 분야에 외국인 고용세를 90%까지 감액을 추진하고 있어서 채용의 기회는 더 많아졌다. 이에 맞춰 몽골 한국관광공사 지사도 몽골 관광 증진을 위해 인프라 및 교육 등을 지원하고 있다. 가이드와 한국어 강사를 크로스오버 형태로 운영하는 새로운 직종에 한국 청년이 진출 가능하리라 본다. 아울러 호텔 분야에선 한국에 있는 2년제 호텔 관련 학과와 몽골 샹그릴라 등 5성급 호텔과의 교류를 통해 한국의 예비 호텔리어들이 일 경험을 해보는 것도 고려해 볼 만하다.

그밖에 UN House 등 국제기구와 국제학교 등 교육기관에도 한국 청년들이 진출하기에 좋다. 아울러, 몽골은 한국의 발전상을 모델로 삼기에 한국 기술자 등에게 호의적이다. 몽골에서 필요로 하는 건설업 엔지니어, 마케팅 책임자 등의 해당 경력을 갖춘 한국인이라면 청년층뿐 아니라 중장년층에게도 좋은 기회가 되리라 여긴다.

FAQ

1. 몽골 취업 시 취업비자 받기가 어렵다고 하는데 사실인가요?

몽골은 취업 오퍼를 받고 일을 하게 되면 3개월 비자부터 3년까지 기간이 다양한 비자를 제공합니다. 외국인이 몽골에 취업하면 외국인세라는 수수료를 기업이 부담하는데 취업자의 능력 등을 고려하여 보통은 1년 비자를 제공하지만 어떤 경우는 3개월, 6개월의 비자를 제공하고 추후 연장한다는 식으로 제공을 하고 있습니다.

2. 몽골어를 할 줄 알아야 하나요?

몽골어를 하면 취업 직종이 다양하고 우대를 받지만 몽골어를 못한다고 해서 기회가 없는 것은 아닙니다. 취업자 대부분은 몽골어를 잘하지 못하며 인터뷰한 기업 대표들도 구직자 경력이 회사 업무와 맞으면 몽골어 구사 여부는 부차적일 수 있다고 말을 하였습니다.

3. 물가가 비싸다는데 사실인가요?

몽골은 교통 물류가 좋지 않다 보니 대부분의 공산품은 비싼 편입니다. 그러나 감자, 고기, 빵 등은 저렴합니다. 주거 임차료는 도심지 기준 원룸일 경우 50만 원 내외이고 아파트는 50㎡ 기준 80만 원 내외입니다. 물론 거주 지역, 신식인지 주차 가능한지 등에 따라 가격은 다릅니다. 거주 관련은 현지 부동산과 거래 사이트 응구이(unegui.mn)를 참조하면 됩니다.

4. 차량 운전이 가능한가요?

몽골은 한국과 달리 운전면허 제네바 협약국이 아닙니다. 그러므로 몽골에선 한국 운전면허(국제 운전면허포함)가 통용되지 않습니다. 그리고 거주증이 있어야 운전면허 시험 응시가 가능합니다. 그러나 한국 운전면허가 있는 경우엔 몽골 운전면허 필기시험에 합격하면 실기시험 없이 한국운전면허 유효기간만큼의 기간으로 운전면허 발급이 가능합니다. 시험은 영어, 몽골어 중 선택해서 시험을 볼 수 있습니다. 다만, 필기시험 합격선이 100점 만점에 90점이라 합격이 쉽지만은 않은 편입니다.

5. 얼마나 추운가요?

몽골은 대략 10월 중순부터 4월 중순까지 겨울이라 생각하면 됩니다. 12월부터 3월까지는 매우 추우며 이때는 영하 40도까지 내려갑니다. 그러니 몽골은 석탄 등 지원이 풍부하여 최대한 발전을 하고 중앙난방이라 집안은 따뜻한 편입니다.

6. 근무 형태나 휴가는 어떤가요?

휴가는 기업마다 다르지만 보통 15일 내외입니다. UN House의 경우는 휴가가 한 달입니다. 주 5일 근무로 근무시간은 보통 170 9시(8시)부터 18시(17시)까지로 유연근무도 많이 하고 있습니다.

7. 퇴직금은 없나요?

몽골은 한국과 달리 기업의 근로자에 대한 퇴직금 의무가 없습니다. 다만 기업에서 퇴직금을 주는 경우도 있습니다.

8. 한국에서 채용이 되면 항공권과 주거 제공은 되나요?

기업에 따라 채용 직무마다 다릅니다. 타왕복드 그룹의 경우 기술자나 책임자급의 경우 항공권에 주거까지 제공합니다. 신입직이라면 항공권 제공은 안 될 수 있으며 주거는 급여에 포함될 수 있습니다.

9. 몽골의 세금은 어떤 게 있나요?

급여자의 경우 소득세로 약 10%를 원천 징수합니다. 거주자의 경우 예금 이자나 배당을 받을 경우도 10%를 공제하고 복권 게임 등 세금은 40%(비거주자 20%)입니다. 그에 반해 상속세는 없습니다.

10. 몽골어를 못하는데 대학교나 대학원을 다닐 수가 있나요?

몽골국립대는 몽골어를 못하면 어학원을 수료 해야 입학할 수 있습니다. 하지만 그 외 많은 대학이나 대학원에선 몽골어를 못해도 입학이 가능합니다. 그리고 학교나 학과에 따라 다르지만, 장학금을 전액 주는 곳도 있습니다. 또한, 대학원의 경우 야간이나 주말에 수업이 가능한 곳도 있어 직장과 병행할 수도 있습니다.

11. 몽골에서 금기 및 유의 사항은 어떤 것이 있나요?

타인의 머리를 만진다거나 모자를 함부로 쓰면 안 되고 지나가다 타인의 발을 밟으면 서로 악수를 해야 합니다

12. 몽골 가기 전 꼭 알아야 할 표현이 있으면 알려주세요

다음 필수 단어와 숫자 표현을 알고 몽골에 가면 조금이라도 더 수월하게 적응할 수 있습니다(단, 아래 표기는 발음에 따라 차이가 날 수 있으니 참고하시기 바랍니다).

필수 몽골어 단어 표현 10선

안녕하세요 : 센 베노

안녕히 가세요 : 바이르태

감사합니다 : 바이를라

미안합니다 : 오~치랄레

이름이 뭐에요? : 타니 네르 헹 베?

제 이름은 ~입니다 : 미니 네르 ~~~

얼마입니까? : 인 야마르 운테 웨~?

비싸다 : 운테 벤

싸다 : 햠트항 벤

맛있게 드세요 : 쌔~응 헐러러이

맛있다 : 암ㅌ테 벤

기본 숫자 발음

1 : 닉

2 : 허여르

3 : 고롭

4 : 두루

5 : 타우

6 : 조르가

7 : 덜러

8 : 내임

9 : 유스

10 : 아로

0 : 틱(텍)

Epilogue

본인의 졸저 취업의 추월차선이 발간된 후 해업취업 관련 2번째 책이 출판되었다. 전작 취업의 추월차선에서 두바이로 취업했던 많은 취업자는 현지에서 계속 일을 하고 있거나 미국 등 제3 국가로 가거나 한국으로 복귀해서 원하는 자리에서 경력을 쌓아나가고 있다.

매리어트 호텔에서 근무하던 취업자는 7성급 호텔로 알려진 버즈 알 아랍호텔에서 일하고, 클리브랜드 아부다비 병원에서 일하던 간호사는 미국 병원에서 일하고 있다. 또한, 에미레이트 승무원이었던 취업자는 한국에 와서 직무를 변경해 외국계 기업에서 엔지니어로 일을 하고 있다.

세계 여러 나라를 다녀보면 많은 곳에서 한국인이 일하고 있는 모습을 볼 수 있는데 확실히 다른 나라 사람들과는 일하는 모습이나 태도가 다름을 느낄 수 있다.

중국 허난성 외지에서 한국인이 1명 밖에 없는 곳에서도 불평 하나 없이 일하는 청년이나, 한국인이 거의 없는 아르메니아 예레반에서도 묵묵히 일하는 한국인을 보면, 한국인의 적극적이고 책임 있는 자세는 그 어떤 나라 사람과도 비교할 수 없을 정도로 우수하다고 생각한다.

몽골에서도 단기 인턴으로 와서 울란바토르가 아닌 외지에서 몇 개월 동안 지내면서 주어진 업무를 완수하는 청년들을 보면 한국에서 눈높이가 높아 취업하려 하지 않는다는 일부의 견해는 기우이지 않을까 생각도 해본다.

몽골은 미국, 호주처럼 취업 유망국가도 아니고 청년 선호도가 높지 않아 취업 활성화가 쉽지만은 않다. 그러나 앞서 살펴봤듯이 몽골엔 많은 한국기업이 진출해 있고 몽골인들 역시 한국에 우호적이다. 몽골에서 TV를 켜면 한국 드라마가 항상 나오고 있을 정도로 한국 문화가 정착화되어 있다고 생각한다. 또한, 한국인들이 진출할 수 있는 우수 일자리도 있고 거주하기에도 괜찮고 본인의 역량에 따라 경력 관리도 충분히 가능한 지역이다.

한편 보통 해외 취업이라 하면 자국민 일자리 보호 차원에서도 외국인 유입을 제한하는 국가가 많다. 하지만 몽골은 물론 현재는 외국인 수를 일정 부분 제한하고는 있지만 드넓은 땅에 인구는 350만 명밖에 되지 않기에 경제성장을 위해선 많은 외국인을 받아들일 수밖에 없는 상황이다.

몽골로의 취업은 단기적으로는 국내 일자리를 해소하고 취업 국가를 다변화하여 개인의 이력 관리와 자아 발전에 많은 도움이 되리라 여긴다. 장기적으로도 인재 양성을 통한 국가경쟁력 제고에 이바지하고 양 국가 간 상호 협력을 통해 더 큰 경제 발전이 있으리라 생각한다.

몽골 취업에 관련한 선행 자료도 거의 없고 몽골로 취업하려는 구직자도 많이 없는 상황에서 조사에 어려움과 미흡한 점이 있었던 것이 사실이다. 그럼에도 이 책에서 소개한 몽골 사회 모습과 생활상, 취업 활성화 방안과 유망직종 등을 통해 한국 청년과 중장년들이 새로운 기회가 있는 몽골에 진출하는 데 조금이라도 도움이 되길 바란다.

아울러 몽골어 감수 등을 해주신 이승은 선생님, 홉스골 사진 도움을 준 윤아현님께 감사의 인사를 드린다. 마지막으로 두바이에 있을 때나 몽골에 있을 때나 언제 어디서든 기도와 사랑으로 응원해주시는 부모님께 감사드린다.

참고문헌 및 사이트

민병휘(2019). 해외취업 활성화 지원을 위한 취업자 특성 분석-K-Move 사업 중심으로, 한국기술교육대학교 테크노인력개발전문대학원 논문

전용일(2021). 해외취업 국가 및 일자리 다변화 방안연구, 한국산업인력공단

전용일(2015). CIS 지역 청년 해외진출 활성화 방안연구, 한국산업인력공단

윤기용(2019). 국가별 해외진출 전략 개발 연구-러시아, 한국산업인력공단

서종현(2015). 해외취업 활성화를 위한 장단기 정책과제 연구, 고용노동부

전용일(2020). 해외취업 20년간 사업수행 성과분석을 통한 발전전략 연구, 한국산업인력공단 2019년도 연구보고서

한국산업인력공단(2023). 국가별(미국, UAE, 일본) 해외취업 완전정복

한국산업인력공단(2022). 직종별(IT, 서비스) 해외취업 완전정복

이재영(2012). 몽골의 투자환경과 한국기업의 진출 확대방안, 대외경제성책연구원(KIEP)

코트라(2022). 코트라 국가정보-몽골, 코트라 해외시장뉴스

주몽골대한민국대사관(2013). 몽골의 생활법률

잔츠브도르즈(2020). 대한민국과 몽골 관계 30년

김홍진(2012). 몽골 경제의 현황과 발전과제

한종수(2012). 몽골의 광물자원과 광업정책

박소현(2012). 몽골의 문화

박종국(2011). 몽골 오유톨고이 광산의 최근 개발 동향, 한국수출입은행

몽골 투자청(2015). 몽골 투자가이드 2015(Investment Guide to Mongolia 2015)

외교부(2016). 몽골개황

몽골 노동사회복지청 매뉴얼 2024

한국산업인력공단 월드잡플러스 worldjob.or.kr

한국무역협회 kita.net

한국수출입은행 kexim.com

한국국제협력단(코이카) koica.go.kr

주몽골 대한민국대사관 overseas.mofa.go.kr/mn-ko

몽골 코트라 kotra.or.kr/ulaanbaatar

몽골 정부기관 pmis.gov.mn

몽골 노동사회보장부 mlsp.gov.mn

몽골 노동사회복지청 hudulmur-halamj.gov.mn

몽골 상공회의소 mongolchamber.mn

몽골 통계청 1212.mn

몽골 관세청 customs.gov.mn

몽골 이민청 immigration.gov.mn

세계법제정보센터 world.moleg.go.kr

몽골법정보 legalinfo.mn

몽골 세계은행 worldbank.org/en/country/mongolia

몽골 한뱅크 khanbank.com

몽골 타왕복드 그룹 tavanbogd.com

몽골뉴스 news.mn

몽골국영통신사 montsame.mn

글로벌브릿지 globalbridge.mn

오유톨고이 ot.mn

미아트항공 miat.com

디지털컨셉트(GS25) digitalconcept.mn

몽골이 온다

여행, 취업, 몽골에 대한 모든 것

1판 1쇄 2025년 7월 14일

저자 이승재
발행인 이경화

발행처 디자인21
주소 04560 서울특별시 중구 퇴계로 293-1(3층)
전화 02-2269-6561(대)
팩스 02-2269-6568
e-mail 21publish@naver.com
블로그 https://blog.naver.com/publish21
인스타 https://www.instagram.com/21publish.co.kr
홈페이지 https://21publish.co.kr

등록번호 제1-1128호
등록일자 1991. 2. 12

ISBN 978-89-6131-183-0 03980

정가 18,000원